AF346948

_une grande âme_

# AMBROISE PARÉ

par

## Robert MIRABAUD

LIBRAIRIE FISCHBACHER — PARIS

1928

# AMBROISE PARÉ

# UNE GRANDE AME

---

# AMBROISE PARÉ

PAR

## Robert MIRABAUD

PARIS
LIBRAIRIE FISCHBACHER
33, RUE DE SEINE, 33

---

1928

# AVANT-PROPOS

---

*Parler d'un chirurgien quand on n'entend goutte à la chirurgie ; prétendre à faire mieux connaître Ambroise Paré après les trente cinq éditions de ses œuvres complètes (treize en français, huit en latin, quatre Anglaises, cinq Hollandaises et autant d'Allemandes), parues en un siècle de 1575 à 1685 ; après surtout la dernière édition de 1840, collationnée par l'érudit Malgaigne sur les précédentes en trois gros volumes in-quarto d'ensemble plus de deux mille pages, avec critique des textes, commentaires, annotations, avec une Introduction de 350 pages où l'histoire de la chirurgie en Occident est exposée du sixième au seizième siècle, et où sont relatés les principaux événements de la vie du grand homme : son enfance, sa jeunesse, ses découvertes, sa vie dans les camps, les soins qu'il a prodigués aux « pauvres soldats » comme aux princes et seigneurs, sa popularité grandissant d'année en année, sa bonté, sa fidélité aux quatre rois qu'il a servis, sa*

piété enfin, source constamment jaillissante de belles actions...

Agir ainsi, n'est-ce pas folie, gageure ou présomp-
tion ?

Je ne le pense pas et voici pourquoi : les vingt-
neuf livres de Paré ne doivent pas, comme il est
arrivé jusqu'ici, intéresser les seuls spécialistes ; ils
débordent de tous côtés l'art et la science de l'opé-
rateur et du médecin ; ils traitent de cent sujets
divers exprimés en un français plein de saveur, de
charme et de puissance ; il y a de tout dans cette
grande chirurgie : anatomie, traitement des « playes
faites par harquebuses et autres bastons à feu »,
génération de l'homme, monstres et prodiges, sorciers, démons et anges, fièvres, venins, peste, vé-
role, mômies, licorne, fards pour décorer et embellir la face des femmes, teintures pour faire noircir
le poil et dépilatoires pour le faire cheoir, embau-
mements, dentifrices, parfums, bains, procédés de
distillation des plantes médicinales, préexcellence
de l'homme sur les bêtes et qualités d'icelles, récits
de voyages, peintures non surpassées, sinon inéga-
lées des guerres de l'époque ; le tout mêlé de haran-
gues enflammées qui, tantôt sont de véritables ser-
mons qu'un prédicateur de Notre-Dame ne désa-
vouerait pas plus qu'un ministre réformé ; tantôt
des diatribes contre les atrocités des batailles et les

horreurs causées par les armes à feu et leurs perfectionnements que, de nos jours, un Barbusse ne renierait pas ; tantôt des plaidoyers, des apologies pleins de bons sens, de finesse, de diplomatie, d'ironie contre ceux qui attaquent ses découvertes ou sa foi religieuse. Mais ces magnifiques morceaux sont naturellement enfouis dans un amoncellement de préceptes, d'exemples et de recettes donnés aux hommes de l'art ; il faut les dénicher au milieu du fatras de doctrines datant d'Hippocrate, des Médecins Arabes, de Gallien ou de Guy de Chauliac, de Plutarque, de Pline, que sais-je ! Ce « filtrage » n'a jamais été opéré. Si Paré a beaucoup écrit, on a (et c'est étrange), très peu écrit sur lui : une conférence assez récente du doyen Debove à la Salpétrière ; un bon ouvrage rare, aride et scientifique du D$^r$ Le Paulmier ; une notice du D$^r$ Perdrix datant de 1836 où l'on trouve des indications sur les différentes découvertes de Paré ; un éloge par Vimont, chirurgien aux armées de Napoléon I$^{er}$, écrit dans un style ampoulé ; un livre Anglais de Stéphen Paget, meilleur, dit-on, que les livres français, mais que je n'ai pu me procurer malgré mes recherches ; une brochure introuvable de Trevedy ; avec des articles dans les dictionnaires de médecine et quelques pages dans la collection des Voyages, de Delagrave, c'est tout ou à peu près tout. Quant à l'Introduction de

*Malgaigne, souvent entachée de partis pris, il faut pour la lire, acheter l'ouvrage entier qui est cher ; les éditions du XVI<sup>e</sup> et du XVII<sup>e</sup> siècles sont des raretés de bibliothèque.*

*« Il y a, dit Malgaigne lui-même, un volume à faire de toutes les innovations et observations de Paré, dont chaque page aurait une valeur réelle pour l'érudit ».*

*Ce n'est pas aux érudits que je m'adresse, mais au public. N'étant ni chirurgien ni médecin, c'est aux à côté que je m'attacherai, m'efforçant de trier et faire ressortir les idées qui me paraissent encore d'actualité, préparant nos idées modernes, propres à nous éclairer, charmer, moraliser et à nous renseigner sur les mœurs de l'époque.*

*Je ne voudrais pas seulement parler d'Ambroise Paré, je voudrais surtout le faire parler, le laisser se raconter lui-même au lecteur dans sa langue si vivante, si expressive ; je voudrais le faire estimer, aimer comme je l'ai aimé en l'étudiant ; je voudrais qu'on lui rende justice entière en le considérant comme un bienfaiteur de l'humanité, un grand écrivain et un grand chrétien.*

R. M.

# AMBROISE PARÉ

Nous savons très peu de chose sur l'enfance de Paré. Il n'en a rien écrit. La date même de sa naissance a été controversée. Mais Pierre de l'Estoile dit qu'il mourut en 1590, âgé de 80 ans ; il est donc né en 1510. Son père, d'après la tradition, était attaché au Comte de Laval en qualité de valet de chambre barbier.

On voyait encore en 1840 (1), à la façade d'une maison construite sur l'emplacement de celle de ce Seigneur, au Bourg Hersant, devenu un quartier de Laval, un portrait, œuvre d'un peintre d'enseigne, avec cette inscription : « Dans cette maison est né Ambroise Paré ».

Laval avait appartenu aux Coligny par mariage et l'orientation religieuse de leurs maîtres avait probablement influencé les habitants de cette ville, en particulier les Paré qui étaient de la domesticité

(1) Notice sur le monument élevé à Paré, à Laval. — Malgaigne, Tome III, page IX.

du château. Là trouverait-on, je crois, la source de la piété toute biblique et évangélique de Paré. Assurément ses père et mère ne pouvaient, au moment de sa naissance, être huguenots puisque Calvin venait de naître, et que Luther n'énonça que 17 ans plus tard ses fameuses propositions. Mais nul n'ignore que, dès la fin du xv⁰ siècle, il y avait de nombreux français qui, sans désirer aucunement se séparer de l'église catholique, aspiraient à voir de multiples réformes s'accomplir dans son sein ; qui lisaient fréquemment les Saintes Ecritures ; réclamaient dans le culte plus de simplicité, et chez ses ministres moins de richesse et une plus grande dignité morale.

Cet état d'esprit appelé la Préréforme dura de longues années, puisqu'en 1531 il était encore celui de Calvin lui-même (1). Ce n'est pas ici le moment de se demander quel fut exactement la foi de Paré, il nous la dira lui-même. Mais il fallait indiquer cette hypothèse concernant sa famille. Son frère aîné Jehan était barbier chirurgien, probablement à Vitré, et l'on sait que Vitré appartenait aux Rohan ; or Hercule de Rohan fut chef du parti protestant avant Coligny ; c'est peut-être chez ce Jehan Barbier qu'Ambroise commença son apprentissage. Là

_______

(1) Voir Vienot. Histoire de la Réforme en France.

aussi, en ce cas, il dut subir les mêmes influences
que dans la demeure des Laval. Il est certain d'ailleurs que des descendants de Paré se réfugièrent en
Hollande après la révocation de l'Edit de Nantes ;
il en existait encore en 1830 à Amsterdam, et on
lisait au-dessus de la porte de leur maison : Habita-
tion des descendants d'Ambroise Paré. La commis-
sion des Notables de Laval qui se chargea en 1840
de faire élever à Paré une statue, œuvre du sculp-
teur David d'Angers, découvrit à Amsterdam un
sieur Paré ferblantier, descendant direct d'Ambroise, et possesseur de papiers de famille, qu'elle
aurait pu acheter si elle avait consenti à les payer
d'avance. Hélas ! elle n'y consentit point !

Aussi ne possédons-nous que des racontars sur
l'enfance de Paré, et Malgaigne, qui en rapporte
quelques-uns d'après Percy, a eu soin de nous dire
que cet écrivain « avec un grand fond d'érudition
avait le malheur d'en affecter davantage, et n'affirmait jamais avec plus de hardiesse que dans les
situations qu'il ne connaissait pas ». Nous voilà
avertis. Malgaigne fait aussi état de soi-disant docu-
ments sur Paré, dont l'authenticité est fort peu vrai-
semblable et qui auraient été retrouvés à Metz (à
quelle date ? comment ? on ne sait), par le D<sup>r</sup> Be-
gin. Ils se composeraient de cent vingt pages de
notes de la propre écriture de Paré, d'une lettre à

son neveu Bernard et de son testament. Ce serait
vraiment trop beau ! — et l'on s'étonnerait, si ces
cahiers étaient authentiques, que Malgaigne en eût
tiré si peu de chose.

Les premières études d'Ambroise furent très élé-
mentaires :

« Je ne veux m'arroger, dit-il avec modestie,
que j'aye lu Gallien, parlant grec ou latin, car
n'a plu à Dieu tant faire de grâce à ma jeunesse
qu'elle aye esté en l'une ou l'autre langue ins-
tituée ».

Après son apprentissage chez un barbier de Vitré
ou d'ailleurs, on le trouve en 1525 à Angers, obser-
vant à la porte du Temple, l'artifice d'un mendiant
qui avait attaché à son pourpoint, pour inspirer la
pitié, « le bras puant et infect d'un pendu ». Puis
il entre à l'Hôtel-Dieu à Paris, en qualité de compagnon chirurgien et y reste trois ans, suivant les
cours, disséquant, soignant les malades, faisant
quelques opérations telles que « amputation du nez
à aucuns malades dont le membre avait été morti-
fié par le froid ». (Apparemment les salles de l'Hôtel-Dieu ne devaient pas être chauffées !) Paré aime
à parler de son séjour à l'Hôtel-Dieu et le compte
parmi ses plus beaux titres. Il y était en 1533, lors
de l'épidémie de peste. Il commença d'y acquérir

par la pratique l'expérience si nécessaire que les
médecins de son temps méprisaient ; car au xiv°
siècle déjà les médecins français pensaient rabaisser
leur dignité en accomplissant l'œuvre manuelle ;
et depuis cette époque il n'y avait plus de chaire
pour la chirurgie dans la Faculté de Paris ; tous
les bacheliers en médecine, pour être admis à faire
des cours, devaient même prêter serment qu'ils
n'exerceraient point la chirurgie manuelle (1). Quel
aveuglement ! La chirurgie expulsée des universités
de France s'était réfugiée en Italie. Paré comprit
de bonne heure, et d'autant mieux que l'instruction
lui avait manqué, l'importance de l'expérience, et
plus tard, parvenu au faîte des honneurs, il pro-
clama hautement, au grand scandale de la Faculté
que :

« Le laboureur a beau parler des saisons, dé-
duire quelles semences sont propres en chacun
terroir... tout cela n'est rien s'il ne met la main
aux outils, s'il n'accouple les bœufs et ne les
lie à la charrue..., aussi n'est-ce grand chose
de feuilleter les livres, de gazouiller et caqueter,
en une chaire, de la chirurgie..., si la main ne
besogne ».

(1) Voir introduction Malgaigne, L. III.

Et, afin qu'on voit quels moyens il a eus de faire de telles et si grandes expériences,

« Faut scavoir, dit-il, que, par l'espace de trois ans, j'ai résidé en l'Hostel-Dieu de Paris, où j'ai eu le moyen de voir, et cognaitre (eu égard à la grande quantité de malades y gisant ordinairement) tout ce qui peut estre d'altération et maladie au corps humain ; et ensemble y apprendre sur une infinité de corps morts, tout ce qui se peut dire et considérer sur l'anatomie... Mais mon bonheur m'a fait voir encore plus outre, car, estant appelé au service des Roys de notre France (quatre desquels j'ai servis), il n'y a eu temps ni moyens que je n'aye employé à avoir la grâce des médecins et chirurgiens les plus scavans et mieux expérimentés... et ce n'estait assez pour rassasier mon désir envieux d'apprendre tout ce qui se peut scavoir pour la vocation à laquelle je suis appelé, si encore je n'eusse vu les guerres, où l'on traite les blessés sans fard et sans les mignarder à la façon des villes. Car je me suis trouvé en campagne, aux batailles, escarmouches, assauts, et sièges de villes et forteresses, comme j'ai été aussi enclos dans les villes et villages avec les assiégés, ayant charge de traiter les blessés.

« ...Et Dieu sait combien le jugement d'un
homme se parfait en cet exercice où, le gain
étant esloigné, le seul honneur vous est proposé et l'amitié de tant de braves soldats auxquels on sauve la vie, ainsi qu'après Dieu, je
puis me vanter d'avoir fait à un nombre infini...
et depuis dans cette très grande et fameuse ville
de Paris... il ne s'est fait cure, tant grande et
difficile fut-elle, où ma main et mon conseil
n'ayent esté requis ! » (1).

Quand Paré n'aurait fait que tirer la chirurgie
française du discrédit où elle était tombée, et relever sa dignité au point d'écrire que :

« Chirurgie, pour son antiquité, nécessité,
certitude et difficulté outrepasse la médecine interne »,

Il aurait grandement mérité notre reconnaissance.

*
* *

_________

(1) Au lecteur : par. II, p. 10 et 11. Tome I Malgaigne.

Mais, pour le moment, nous l'avons laissé simple compagnon barbier, remplissant à l'Hôtel-Dieu à peu près les fonctions d'un « interne » de nos jours.

En 1536, il est reçu Maître Barbier Chirurgien et quitte l'Hôtel-Dieu ; il a 26 ans et, quels qu'aient pu être jusque là son application, ses dons extraordinaires, il semble encore bien jeune, bien éloigné de la gloire, et même de la notoriété ; pourtant un coup de hasard, comme il n'en arrive qu'à ceux qui savent tirer parti des événements, va le pousser subitement au premier rang. Et ce sera son ardent désir d'atténuer les souffrances des blessés qui lui donnera le courage de rompre avec les routines habituelles, avec des pratiques cruelles mais invétérées et de manifester, à la fois, dans une nuit tragique, son grand cœur et son génie de décision.

A peine sorti de l'hôpital, il avait été nommé chirurgien du maréchal de Monte Jan, colonel général de l'infanterie française, et faisait sa première campagne dans l'armée que

« le grand Roy François I<sup>er</sup>, au moment où Charles Quint menaçait la Provence, avait envoyé en Piedmont « contre les Impériaux ».

« Les ennemis (raconte Paré dans son voyage de Thurin), débusqués du Pas-de-Suze, où ils avaient fait certains forts et tranchées, se réfu gièrent au Chasteau de Villane qui, assis sur une petite montagne, donnait grande assurance à ceux du dedans qu'on ne pourait amener l'artillerie pour les battre. Mais le Connestable du Roy fit monter deux gros canons à force de bras avec cordages par les Suisses et lansquenets.

« Le lendemain de grand matin ont fit batterie qui en peu d'heures fit brèche ; nos gens, voyant l'ennemi estonné, montèrent à la brèche et entrèrent dedans et les mirent tous en pièces, excepté une fort belle et jeune Piedmontaise, qu'un grand seigneur voulut avoir pour lui tenir compagnie la nuit de peur du Loup Garou. Les soldats impériaux, voyant venir nos gens d'une très grande furie, firent tout devoir de se défendre, tuèrent et blessèrent un grand nombre de nos soldats à coups de picques et d'harquebuses, où les chirurgiens eurent beaucoup de besogne taillée.

« J'estais en ce temps-là bien doux de sel parce que je n'avais encore vu traiter les playes faites par harquebuses... pour ne faillir, paravant qu'user d'huile fervente, sachant que telle chose pourrait apporter aux malades extrême douleur,

je voulus scavoir, premièrement que d'en appliquer, comment les autres chirurgiens faisaient,
qui estait d'appliquer la dite huile la plus bouillante qu'il leur estait possible dedans les
playes... dont je pris hardiesse de faire comme
eux... En fin mon huile me manqua et fus contraint d'appliquer en son lieu un digestif fait
de jaune d'œuf, huile rosat et térébenthine. La
nuit, ne pus bien dormir à mon aise, pensant
que, par faute d'avoir cautérisé, je trouvasse les
blessés où j'avais failli à mettre de ladite huile,
morts empoisonnés ; qui me fit lever de grand
matin pour les visiter. Où, outre mon espérance,
trouvay ceux auxquels j'avais mis le médicament digestif, sentir peu de douleur à leurs
playes, sans inflammations et tumeurs, ayant
assez bien reposé la nuit ; les autres, où l'on
avait appliqué la dite huile, les trouvay fébricitans, avec grande douleur, tumeur et inflammation aux environs de leurs playes. A donc
je me délibérai de ne jamais plus brusler ainsi
cruellement les pauvres blessés de harquebusades ». (1)

(1) Grande apologie, p. 689. T. III Malgaigne.

Cela est dit avec une extrême simplicité ; mais quel drame quand on songe aux tortures subies et épargnées, à cette nuit d'inquiétude et d'attente, à la surprise éprouvée, à la décision prise ! Quelle hardiesse pour un si jeune homme encore inexpérimenté d'aller contre les doctrines établies, soutenues dans le livre qui alors faisait loi du fameux Vigo ! Sa bonté lui donna cette audace ; il est déjà celui qui écrira à la fin de sa vie :

« L'homme n'estant point né pour soi seulement, ny pour son seul profit, Nature luy a donné un instinct et inclination naturelle à aimer son semblable et, en l'aimant, tascher de le secourir en ses affaires... De sorte que, si quelqu'un n'est point de cette courtoisie, il est plustot à nombrer entre les bestes qu'entre les hommes usant de raison... de la douceur naturelle de ceux-ci a pris source le nom d'humanité ! » (1).

On peut penser quelle reconnaissance les soldats blessés éprouvèrent pour Paré, et comment son nom vola de bouche en bouche. On aura remarqué dans son récit sa crainte étrange de trouver les blessés non cautérisés, morts *empoisonnés* ; c'est

(1) Au lecteur, t. I, Malgaigne.

que, à cette époque, on croyait que les armes à
feu causaient des blessures envenimées. Ambroise
comprit qu'il n'en était rien et découvrit à ce sujet
l'explication rationnelle. Le professeur d'anatomie
Sylvius, alors célèbre, l'invita à dîner, le prit en
grande affection et lui demanda de mettre par écrit
et de communiquer au public sa doctrine sur cette
question.

Ce fut cet encouragement qui mit pour la première fois la plume à la main de Paré : il publia en
1545, sa « méthode pour traiter les playes faites par
harquebuses et aultres bastons à feu » — la dédiant
ainsi au vicomte de Rohan, prince de Léon :

« Je vous prie humblement prendre en gré
ce petit labeur, lequel, si je cognais vous estre
agréable, m'esforcerai faire aultre chose selon
que mon petit esprit pourra comprendre ».

Dix-sept ans plus tard, le jeune roi Charles IX,
voyant la pourriture qui régnait dans l'armée, après
la prise de Rouen — « voire que plusieurs mouraient
de bien petites blessures » — en demanda explication à Paré qui la donna ainsi : (1)

---

(1) Autre discours écrit sur la demande du Roy, touchant
le fait des harquebusades et austres bastons à feu, t. III de
Malgaigne.

« Pour ce qu'il plut un jour à votre Majesté (Sire), à celle de la Royne vostre mère, à M. le prince de La Roche-sur-Yon, à plusieurs autres princes et grands seigneurs me demander comment il advenait qu'en ces dernières guerres la plupart des gentils hommes et soldats blessés de coups d'harquebuses mouraient, sans y pouvoir autrement remédier..., je dirai que la cause de la malignité des harquebusades ne procède pas du venin ou empoisonnement que certains pensent être porté par la poudre à canon, ou par les balles trempées en quelque matière vénéneuse... (s'il en était ainsi le feu mis en la poudre purifierait le venin de la balle)... Et pour répondre à la noirceur qui se trouve ordinairement à l'orifice des playes et des parties proches, je dis cet accident ne provenir à raison de quelque feu accompagnant la balle, mais à cause de la grande contusion qu'elle fait.

« Puisque ce n'est ni par feu ni par venin que tant de vaillants hommes sont morts, à quelle cause pourrons-nous imputer ce malheur ? Je suis à l'endroit Sire où j'espère présentement le faire entendre à votre Majesté ».

Ici Paré donne une explication qui me paraît d'un réel intérêt au point de vue de la connaissance des idées de l'époque sur la chimie des airs (ou vapeurs).

« Ceux qui ont consumé leur âge et estude aux secrets de la philosophie, nous en ont laissé un entre autres pour authentique et approuvé de tous temps. C'est que les éléments symbolisent tellement les uns avec les autres qu'ils se transmettent l'un en l'autre ; de sorte que non seulement leurs qualités premières, qui sont chaleur, froideur, seicheresse et humidité, *mais aussi leurs substances, se changent par raréfaction* ou condensation de soy-même ».

On reconnaît là les doctrines de l'alchimie, que l'on peut rapprocher de la théorie moderne de la mutation des corps simples par déplacement d'électrons.

« Ce que nous pouvons voir à l'œil et esprouver es soufflets de cuivre que les Allemands nous apportent composés en forme de boule, laquelle remplie d'eau et n'ayant qu'un petit trou au milieu de sa forme sphérique, reçoit la transmutation de son eau en air par l'action du feu près lequel la boule sera posée, et pousse

avec violence ledit air dehors, le faisant bruire
impétueusement jusqu'à ce qu'il soit du tout (1)
sorti ».

Ces soufflets n'ont-ils pas précédé la fameuse marmite de Papin qu'on nous enseignait au collège
comme ayant préludé à l'invention des machines à
vapeur ?

« Le semblable se peut connaître ès chatai-
gnes et marrons lorsqu'on les jette au feu sans
les avoir entamés : car adonc l'humidité aqueuse
qui y est contenue, se change en air par l'action du feu et l'air voulant sortir crève le mar-
ron...

« J'en ose dire autant et affirmer des matières
contenues en la poudre à canon qui, par le
moyen du feu, se convertissent en une très
grande quantité d'air, lequel ne pouvant estre
contenu au lieu où la matière estait auparavant,
sa transmutation est forcée sortir avec une in-
croyable violence, moyennant laquelle pousse
le boulet, qui rompt, casse et brise tout ce qu'il
rencontre, sans toutefois l'accompagner... Et la

(1) Du tout signifiant totalement.

balle chasse devant soy un vent si subtil et si
roidement agité, que les corps en sont premièrement saisis que du boullet, ores que la chose
ne soit découverte à la vue ; car bien souvent
l'action se fait par ce seul vent, sans que la balle
donne son coup.

« Le pareil esprouvons-nous en la dite poudre, lors qu'estant enclose dans les mines et
convertie en vent par le feu qu'on y met, boule-
verse les monceaux de terre aussi gros que mon-
tagnes. *On a vu cette année en vostre ville de
Paris*, une petite quantité de poudre fraîche-
ment faite à l'Arsenal, causer une si grande
tempête, qui fit trembler presque toute la ville,
qui tomba par terre toutes les maisons prochai-
nes, qui *descouvrit* et *défenestra* celles qui estaient plus à l'escart de sa furie, bref, qui
(comme un foudre esclatant) renversa çà et là
des hommes demi-morts... (par une action) du
tout semblable à celles que font les vents
enclos sous terre... qui font trembler ladite
terre, la haussant et baissant, la démolissant et
la transportant d'un lieu à un autre ».

En vérité, ne croirait-on pas qu'il s'agit de la
catastrophe de La Courneuve, à Paris, en 1917 ?

« Pourtant, au nombre des choses nécessaires à nostre vie, il n'y a rien qui nous puisse plus altérer que l'air... l'homme ne peut vivre une seule minute sans son inspiration. Suivant lequel bénéfice, le médecin Hippocrate a véritablement prononcé que l'air a je ne sais quoy de divin, pour ce que soufflant par le monde universel, circuit toutes les choses contenues en iceluy, les nourrit miraculeusement, les soutient fermement et les entretient en aimable union, et le tout symbolisant avec les astres, esquels la providence divine est infuse qui change l'air à son plaisir et luy donne puissance tant sur la mutation du temps que des corps naturels.

« Pource les Philosophes et Médecins ont expressément recommandés d'avoir égard aux assiettes des lieux, et aux constitutions de l'air lorsqu'il est question de garder la santé ou de guérir les maladies, à l'endroit desquelles la suite et la mutation du dit air a fort grande puissance... » Mais la malice des hommes corrompt la pureté de l'air :

« ...Je ne scache homme si peu versé en la philosophie naturelle, soy en astrologie qui ne recherche en l'air la cause efficiente de tant de

maux, qui, depuis l'espace de trois ans, sont
survenus au Royaume de France. Car, d'où
procéderaient tant de pestes contagieuses indifféremment advenues aux vieux, aux jeunes, aux
pauvres et aux riches, et en tant de divers lieux,
sinon de l'air qui n'a esté chiche de son poison,
mais nous en a injectés à son plaisir. D'où seraient venus tant de coqueluches, de pleurésies,
catherres, fluxions, petites vérolles et galles ? »

J'ajouterais aujourd'hui : d'influenza, de dingues,
d'otites, d'oreillons, de rougeoles, d'avaries, d'en-
céphalites, de maladies du sommeil, etc...

« Nous en sommes devenus sages par l'expérience de tant de playes, qui ont engendré
une mer de pourriture et d'infection... pourritures communes aux Princes, aux grands seigneurs et aux pauvres soldats... »

Et nous, Européens d'après la grande guerre, en
sommes-nous devenus sages de tant de pourritures
et d'épidémies dont notre air a été empesté ? et
avons-nous su dire comme Ambroise Paré :

« Outre les causes humaines, l'homme est
mal instruit en la connaissance des choses céles-

tes ; qui ne tient pour certain l'ire de Dieu se débander sur nous pour punir les fautes qu'ordinairement nous commettons contre sa Majesté. Ses fléaux ont été prestes ; ses verges et ses armes ont eu leurs ministres toujours appareillés pour exécuter les commandements de sa divine justice... »

Bossuet ne parlerait pas autrement. A ce discours Paré a ajouté, dans les dernières années de sa vie, une préface où il maudit l'invention et le perfectionnement de l'artillerie. (Que dirait-il de nos jours !) J'en citerai quelques passages. (1)

« Devant que d'entrer à bon escient en la description des playes faites par harquebuses et curation d'icelles, il m'a semblé bon pour mettre le lecteur en goust, devant que le présenter à une table diversifiée de tants de mets et fricassées de poudre à canon, toucher ici en bref qui fut l'inventeur d'une si pernicieuse machine de guerre, en combien d'espèces elle a esté tournée et variée... et combien elle est dommageable au genre humain ».

Suivent quelques histoires, auxquelles Paré lui-

(1) Préface des playes faites par harquebuses, t. II. M.

même ne croit guère, sur l'invention de l'artillerie (1). Puis Paré poursuit :

« L'inventeur de ceste machine a eu pour récompense que son nom et sa profession ont été inconnus de tout le monde comme indigne d'aucune mémoire pour le malheur qu'il nous a introduit.

« Quoiqu'il en soit cette machine a esté premièrement appelée « bombarde » à cause du bruit qu'elle fait... Depuis, à cette première invention, de soy rude et imparfaite, le temps, l'art et surtout la malice des hommes ont beaucoup adjousté... Premièrement quand à la matière... secondement ceste première simple et lourde masse de canon a esté diversifiée en cent façons, jusques à les monter sur des roues afin que non seulement de plus haut, mais aussi de plus grande vitesse elles puissent courir à la ruine de l'homme, les premiers mortiers ne semblant assez maniables ny assez cruels par un simple vômissement de fer et de feu.

« De là sont venus ces horribles monstres de

(1) Les premières « bombardes » apparurent à la bataille de Crécy.

canons, doubles canons, Bastardes, Mosquets...
ces furieuses bestes de couleuvrines, serpentines... basilisqs fauconneaux..., et autres de diverses noms tirés et pris non seulement de leur
figure et qualité mais bien davantage de leurs
effets de cruauté... et pris non seulement des
animaux les plus ravissans comme des sacres
et faucons, mais aussi des plus pernicieux et
ennemis du genre humain, comme des serpents,
couleuvres et basilisqs, pour montrer que telles
machines guerrières n'ont autre usage et n'ont
été inventées à autre fin et invention que pour
ravir promptement et cruellement la vie aux
hommes : et que, les ayans seulement nommées,
nous les eussions en horreur et détestation.

« Je laisse de côté plusieurs autres pièces
moindres en corps, mais de force et cruauté
plus pernicieuses, de tant qu'elles attaquent
nostre vie de plus près et qu'elles nous peuvent
surprende à l'improviste et trahison, sans qu'il
y ait les moyens de s'en donner garde, comme
sont les pistoles, pistolets, petits lézards et scor-
pions que l'on peut aisément cacher dedans les
chausses.

« Entre ces deux pièces tiennent le moyen

les harquebuses à crocs, les mousquets poitri-
nals... les harquebuses communes, le tout in-
venté pour la commodité des gens de pieds et
pour desserrer balles et dragées... ; harquebuses
est un mot tiré des Italiens à cause du trou par
lequel le feu du bassinet entre avant dans le canon, car les Italiens nomment un trou Buzio
et se nomme arc, à cause qu'on en use maintenant comme jadis on faisait des arcs à la guerre...

« De cette misérable boutique et magasin de
cruauté, sont sortis les mines, contre-mines, les
sapes, les traits, les lances et arbalestes à feu,
les tonneaux meurtriers, les fuzées..., les grenades, etc..., très misérable invention par laquelle nous voyons souvent une milliasse de
pauvres hommes fricassés sous une mine ou
cazematte ; les autres en l'ardeur du combat
atteints, voire légèrement, de quelqu'un de ces
engins, brûler cruellement dans leur harnois
sans même que les eaux puissent refresner et
esteindre la furie d'un tel feu...

« ...Ce n'estait doncques assez d'avoir armé
le fer et le feu contre nous, si mesme pour has-
ter le coup on n'eust quasi comme empennées

telles armes, les faisant voler aux dépens de notre vie, appropriant des ailes à la mort... pour accabler l'homme plus soudainement, pour la conservation duquel toutefois telles choses avaient esté premièrement créées ».

Appropriant des ailes à la mort ! Quelle éloquence ! et ne dirait-on pas une prophétie des avions de bombardement ?

« Vrayement, quand en moy mesme j'oy parler des machines desquelles les anciens usaient, fust pour assaillir les hommes en combat et rencontre, comme sont les arcs, dards, arbalestes, frondes, fust pour forcer les villes commes sont béliers, chevaux, tortues, balistes et autres semblables, me semble que j'oy parler de petits joüets d'enfants, au regard de cellescy, qui pour en parler proprement et à la vérité surpassent en figure et cruauté les choses que l'on saurait penser les plus cruelles ».

Que de fois en 1914, avons-nous fait la même remarque en comparant avec les armes des guerres précédentes, celles de la grande guerre : ses gaz asphyxiants, ses torpilles sous-marines, ses chars d'assaut, ses bombes d'avion, ses appareils lan-

ceurs de flammes, qui faisaient dire à nos poilus :
« ce n'est plus la guerre, c'est l'enfer ! »

« C'est donc à bon droit que nous detestons
l'auteur d'une si dommageable et si pernicieuse
invention..., comme au contraire devons estimer ceux dignes de louanges qui, par paroles,
taschent à révoquer les Princes et Roys de la pratique d'une si misérable et funeste machine ;
ou par effets et escrits s'estudient à donner
quelques remèdes à ceux qui en auraient esté
atteints..., ce qui m'a esmu, presque le premier entre les Français, à escrire de cette matière ! »

Pour grouper les idées de Paré sur la nature des
plaies causées par les armes à feu, et sur l'horreur
de ces engins de guerre, nous nous sommes écartés
du récit de l'affaire du Pas de Suze par où débute
sa première campagne ; Il est temps d'y revenir.

Paré alors n'a pas trente ans ; sa jeunesse, sa
bonne humeur l'emportent sur la tristesse des spec-
tacles qui l'environnent :

« Les ennemis, raconte-t-il, avaient été contraints de se retirer et gaigner le chasteau, qui

fust pris en partie par le capitaine Le Rat, qui grimpa avec plusieurs soldats de sa compagnie sur une petite montagnette, là où ils tiraient à plomb sur les ennemis ; il reçut un coup d'harquebuse à la cheville du pied dextre, où tout subit tomba à terre, et alors dit : « A ceste heure Le Rat est pris ». — Je le pensay, Dieu le guarist ». (1)

C'est le premier exemple de cette fameuse phrase, souvent employée dans la suite par Paré, et qui résume tout le savoir de la plupart des Français sur notre grand chirurgien.

Le Maréchal de Montejan dont il était chirurgien, étant mort d'un flux hépatique, Ambroise s'en alla au camp de Marolles avec M. de Rohan...

« Comme les Anglais avaient fait vite pour descendre en la Basse-Bretagne... Mrs de Rohan et de Laval, Seigneurs du pays, me menèrent avec eux, dit Paré, jusqu'à Landreneau, là où nous trouvames tout le monde en armes, le tocsin sonnant de toutes parts... et scavoir Brest, Crozon, Loudanec, chacun bien munis d'artillerie comme canons, doubles canons, bas-

(1) Apologie et voyages (voyage de Thurin).

tards, mousquets, passe volants, couleuvrines,
serpentines, faulcons, faulconneaux, harquebuses à crocs..., somme que toutes les advenues
étaient bien munies de toutes sortes et façons
d'artillerie...

« L'armée de l'ennemy, (la flotte anglaise),
vint jusqu'à la portée du canon, et lors qu'on
les aperçut voulans aborder en terre, on les
salua à coup de canons et descouvrirent nos
gens de guerre, ensemble nostre artillerie. Ils
voltigèrent sur la mer, où j'estais bien joyeux
de voir leur vaisseaux faisans voile, qui estaient
en bon nombre et ordre et semblaient estre une
forest marcher sur la mer. Je vis aussi une
chose dont je fus bien esmerveillé, qui estait
que les balles de bien grosses pièces faisaient
de grands bons et trottaient sur l'eau comme
elles font sur la terre.

« Or, pour le faire court, nos Anglais ne
nous firent point de mal et s'en retournèrent en
Angleterre sains et entiers.

« Cependant, M. d'Estampes pour donner
passe temps et plaisir à mesdits Seigneurs de
Rohan et de Laval faisait venir aux festes grande
quantité de filles villageoises, pour chanter des

chansons en bas Breton ; où leur harmonie estait de coaxer comme grenouilles lorsqu'elles sont en amour. D'avantage leur faisait danser le Triori de Bretagne et n'estaient sans bien remuer les pieds et les cuisses. Il les faisait moult bon ouyr et voir. Autres fois faisait venir des lutteurs des villes et villages où il y avait prix : le jeux n'estait point achevé qu'il n'y eust quelqu'un qui eust un bras ou jambe rompue, ou l'épaule ou hanche démise ».

En revenant de Bretagne, Paré épousa Jeanne, fille de Jean Mazelin, valet chauffe cire de la chancellerie de France ; puis M. de Rohan, l'emmena en poste avec lui au camp de Perpignan.

« Estant là, les ennemis firent une sortie et vinrent enclouer trois pièces de notre artillerie, là où ils furent repoussés jusque près la porte de la ville ; ce qui ne fut sans qu'il y eust beaucoup de tués et de blessés entre les autres, M. de Brissac (qui lors estait grand Maistre de l'artillerie) d'un coup d'harquebuse à l'espaule... estant arrivé à sa tente et posé sur son lit, la balle fut cherchée par trois ou quatre chirur-

giens les plus experts de l'armée lesquels ne la
purent trouver... Enfin il m'appella pour scavoir si je pourrais estre plus habile qu'eux...
Incontinent je le fis lever de dessus son lit et
lui *dis qu'il se mist en mesme situation* qu'il
estait lors qu'il fut blessé, ce qu'il fit, et prit
un javelot entre ses mains, tout ainsi qu'il avait
une pique pour combattre... et ainsi trouvay
la balle... faisant une petite tumeur sous l'omo-
plate ». (1)

Si simple qu'elle nous paraisse cette méthode
employée par Ambroise pour retrouver les projecti-
les, en renconstituant la scène et la position, était
nouvelle, et on n'imagina rien de mieux pendant
300 ans, jusqu'au temps voisin de nous où les
rayons X permirent de voir à l'intérieur du corps.

Paré descendait aux plus humbles détails dans les
soins qu'il donnait aux blessés ; ce n'est pas lui qui
aurait déclaré son rôle fini après l'opération comme
font parfois nos grands praticiens, et aurait passé
la main à un médecin ; il disait au contraire qu'il
n'y avait pas de bornes précises entre chirurgie et
médecine. Grâce à sa continuelle sollicitude, il

(1) Voyage de Perpignan

reconnut entre autres remarques fécondes, que (1), dans les suites d'une fracture compliquée, les douleurs, le malaise général et les accidents graves provenaient souvent non de la fracture elle-même, mais de l'immobilité obligatoire et que les patients éprouvaient un soulagement notable si de temps en temps on avait la précaution de soulever le membre fracturé, ce qui rafraîchit et console en quelque sorte les parties sur lesquelles le corps est appuyé, en renouvelant l'air ambiant, en faisant cesser momentanément la pression importune et fatigante à laquelle ces parties sont soumises. Paré créa, pour désigner ce renouvellement d'air et de repos, le mot *flabellation*, « qui se fera, dit-il, en changeant la partie de place et la soulevant quelquefois, afin qu'elle n'acquière inflammation ».

Cette manière d'agir appliquée aux typhiques empêche la production de taches noires au ventre, quand on fait retourner le malade assez fréquemment.

Ce furent aussi des jugements de bons sens qui amenèrent Ambroise Paré à employer la force musculaire pour la reposition des membres ; à simplifier le traitement des luxations de la clavicule et du fémur, du déplacement de l'humérus ; il inventa

(1) Eloge d'A. Paré, par le D<sup>r</sup> Vimont, 1814, chez Sajou.

une méthode pour opérer les anévrismes ; ses vues sur la cataracte furent de la plus grande importance ; enfin, c'est lui qui, après avoir supprimé l'huile bouillante pour les plaies, remplaça le fer chaud par les ligatures des artères dans les amputations. Que de titres à notre reconnaissance ! et combien il serait désirable que cette bonté, application et simplicité intelligentes de Paré servissent toujours de modèles à nos « Majors ! » Ce qu'écrivait en 1814, Vimont, chirurgien aux armées de Napoléon, est toujours vrai :

« Nos guerriers développent leur intrépidité avec plus de persévérance lorsque, plongés dans la nuit du carnage, ils songent que la prévoyante humanité, le zèle éclairé, le talent et l'expérience ont réuni pour eux et près d'eux l'appareil de leurs secours. Ce n'est point la mort qu'ils redoutent ; tant de fois ils l'ont bravée dans les combats ; ils craignent que leurs blessures ne soient abandonnées à des mains inhabiles et trop souvent ignorantes ».

*<br>* *

Devant Boulogne, en 1545, Ambroise guérit Fran-
çoit de Lorraine, duc de Guise, d'une terrible bles-
sure à la face, dont celui-ci conserva une cicatrice
qui lui valu le surnom glorieux de balafré (1). Les
plus petites gens, les simples valets d'armée bénéfi-
ciaient de son dévouement et de son talent, comme
le montre l'anecdote suivante du voyage d'Allemagne.

« Je m'en allai, (dit Paré), avec M. de Rohan,
capitaine de cinquante hommes d'armes et
Dieu sait comme nous avions disette de vivres
et proteste à Dieu que par trois diverses fois je
cuidai mourir de faim... et n'estait faute d'argent, et ne pouvions avoir les vivres que par
force à raison que les paysans les retiraient dans
les villes et chasteaux.

« Un des serviteurs du capitaine, enseigne de
la compagnie de M. de Rohan, alla avec d'autres pour cuider entrer dans une église où les
paysans s'estaient retirés, pensant trouver des
vivres par amour ou par force ; mais, entre les
autres, celui-là fut bien battu, et s'en revint
avec sept coups d'épée à la teste,... quatre autres

(1) Le Paulmier, p. 39.

sur les bras et un sur l'épaule droite... Il fut
rapporté au logis de son maistre, lequel le
voyant ainsi navré, et qu'aussi devait-on par-
tir le lendemain dès la pointe du jour, et n'es-
timant pas qu'il dust jamais guarir, fit caver
une fosse et le voulait faire jeter dedans, disant
qu'aussi bien les paysans le massacreraient et
tueraient. Mu de pitié je dis qu'il pourrait encore
guarir s'il estait bien pansé ; plusieurs gentils
hommes de la Compagnie prièrent M. de
Rohan qu'il fust mené avec le bagage, puisque
j'avais cette volonté de le panser ; ce qu'il ac-
corda ; et après que je l'eus habillé, fust mis
en une charrette, sur un lict bien couvert et
bien accommodé, qu'un cheval trainait. Je *luy
fis office de médecin, d'apothicaire, de chirurgien, de cuisinier ; je le pansoy jusqu'à la fin
de la cure ; et Dieu le guarist.*

« Quelque temps après Boulogne, le Roy
Henry II assiégeait Danvilliers..., la batterie fit
brèche..., Messieurs de Guise et le Connestable
estant à la chambre du Roy luy dirent et con-
clurent que le lendemain il fallait donner l'assaut ; et estaient assurés qu'on entrerait dedans,
et fallait tenir cela secret de peur que l'ennemy

n'en fust adverti..., et promirent chacun de n'en parler à personne. Or il y avait un valet de chambre du Roy nommé Guyard, qui s'estant couché sous son lict de camp pour dormir entendit qu'on avait résolu de donner le lendemain l'assaut. Subit le révèle à un certain capitaine et luy dit que pour certain le lendemain on donnerait l'assaut ; et pria ledit capitaine de n'en parler à personne ; ce qu'il promit, mais sa promesse ne tint pas et de ce pas s'en alla le déclarer à un capitaine, et du capitaine à un capitaine, et des capitaines à quelques uns de leurs soldats, disans toujours n'en dites mot, cela fust si bien celé que, le lendemain de grand matin, on voyait la plus grande part des soldats avec leurs rondaches et leurs chausses coupées au genouil pour mieux monter à la brèche ».

Cette histoire si alertement contée, finit tragiquement : enquête est faite ; Guyard est découvert et le Roy lui dit que plus jamais il ne sera à son service. La nuit même le pauvre valet se coupa la gorge « par désespoir d'avoir perdu la bonne amitié que luy portait le Roy Henry ! »

« En 1552, le Roy de Navarre (pour lors

M. de Vendosme), lieutenant du Roy, envoya quérir Paré et le pria (sa prière m'estait commandement, écrit ce dernier), de le suivre pour aller faire dégast à l'entour de Hesdin, à Chasteau-le-Comte. Les Impériaux refusaient de se rendre, se fiant en leurs fossés pleins d'eau ; mais on fit chemin avec des fascines et des tonneaux pour passer les gens de pieds, et furent battus de cinq canons, et fit-on brèche suffisante pour entrer... et furent presque tous mis au fil de l'épée. Toutefois quelques-uns de nos soldats en avaient pris vingt ou trente espérans en avoir rançon. Cela fut sçu et arresté par le Conseil qu'il sera crié à son de trompe parmy le camp, que tout soldat qui avait des Espagnols prisonniers eussent à les tuer, sur peine d'estre pendus et estranglés. Ce qui fust fait de sang-froid. De là, nous allasmes brusler plusieurs villages, dont les granges estaient toutes pleines de grains, à mon très grand regret ».

A la suite de cette campagne, Paré, sur le rapport élogieux du roi de Navarre, fut nommé chirurgien ordinaire du Roi ; il avait 42 ans. Sa réputation allait croissant, si bien que, Charles Quint, irrité de la prise des trois Evêchés de Toul, Metz et Verdun, ayant mis le siège devant Metz, les princes assiégés réclamèrent la venue de Paré. Ecoutons-le raconter ce nouveau « voyage » :

« Au plus fort de l'hiver, l'Empereur assiégeait Metz où se trouvaient cinq à six mille hommes et entre autres sept princes : le duc de Guise, lieutenant du Roy, MM. d'Anguien, de Condé, de Montpensier, de Nemours, de la Roche sur Yon. Nos gens blessés mouraient quasi tous et pensait-on que les drogues dont ils étaient pansés fussent empoisonnées... Je croye qu'il n'y avait aucun poison ; mais les grands coups de coutelas et d'harquebuses et l'extrème froid en étaient cause.

« Le Roy, sur la demande des princes, fit écrire à M. le Mareschal de Saint-André qu'il trouvast moyen de me faire entrer dans la ville assiégée par quelque façon que ce fust. Le Mareschal ayant gagné un capitaine Italien nous fit bailler des chevaux... Nous n'allions que de nuit, où estant près du camp je vis à plus d'une lieue et demie des feux allumés autour de la ville, ressemblant quasi que toute la terre ardait, et m'estait advis que nous ne pourrions jamais passer au travers de ces feux sans estre découverts, et par conséquent pendus et estranglés ou mis en pièces, ou payer grosse rançon. Pour vray dire j'eusse bien et volontiers voulu estre encore à Paris.

« Dieu conduisit si bien nostre affaire que nous entrasmes en la ville à minuit avec un certain signal que le capitaine Italien avait avec un capitaine de M. de Guise.

« Lequel Seigneur j'allay trouver en son lict ; commanda que je fusse bien traité et que je ne faillisse le lendemain estre sur la brèche où je trouverais tous les Princes et Seigneurs et plusieurs capitaines ; ce que je fis et me reçurent avec une grande joye, me faisant cet honneur de m'embrasser et me dire que j'estais le bienvenu ; adjoutant *qu'ils n'avaient plus de peur de mourir s'il advenait qu'ils fussent blessés.*

« Un des gentils-hommes du Prince de la Roche sur Yon... avait eu la jambe rompue d'un esclat de canon. Je le trouvay au lit, sa jambe ployée et courbée, sans aucun appareil dessus..., estant soigné par un imposteur. Et le pauvre gentilhomme pleurait et criait de douleur, ne dormant jour ny nuit... promptement le racoustray et habillay si dextrement sa jambe qu'il fust sans douleur et dormit toute la nuit et, depuis, fust grâce à Dieu guéri. Le Seigneur de la Roche sur Yon, m'envoya un tonneau de vin plus gros qu'une pipe d'Anjou en mon logis..., c'estait à qui me traiterait, me faisant tous bonne chère.

« M. de Guise me bailla une liste de certains capitaines et Seigneurs, et me commanda de leur dire ce que le Roy m'avait donné en charge, qui estait recommandations et remerciements du devoir qu'ils avaient fait et faisaient à la garde de sa ville de Metz.

« L'empereur faisait faire batterie de quarante doubles canons et la poudre n'estait espargnée jour ny nuit. Subit que M. de Guise vit l'artillerie assise et braquée pour faire brèche, fit abattre les maisons les plus proches pour remparer avec les poultres et solives des maisons abattues... Tout le monde portait la terre pour remparer ; princes, seigneurs enseignes portaient tous la hotte pour donner exemple aux soldats et citoyens à faire le semblable ; ce qu'ils faisaient, voire jusques aux dames et damoiselles..., en sorte que l'ennemy n'avait point sitôt abattu la muraille qu'il ne trouvast derrière un rempart plus fort...

« Les Impériaux en avaient grand despit et se vengeaient en tirant sur de pauvres chats.

« Le duc d'Albe remonstra à l'Empereur que tous les jours ses soldats mouraient au nombre de plus de deux cents et qu'il y avait peu d'espérance d'entrer en ville. L'Empereur demanda quels gens c'estaient qui se mouraient et si c'estaient gentilhommes ; lui fust fait réponse que c'estaient tous pauvres soldats. Alors dist qu'il n'y avait point de danger qu'ils mourussent, *les comparans aux chenilles, sauterelles et hannetons* ».

On songe à Guillaume, au plateau d'Amance, traitant ses soldats de voyous.

« D'avantage, disait l'Empereur, qu'il ne partirait jamais de devant la ville, qu'il ne la prist par force ou par famine... *et irait encore une fois à Paris pour visiter les Parisiens* ». (Déjà la hantise de Paris).

« Les assiégés se rationnèrent et délibérèrent de se défendre avec toutes machines de guerre : de charger l'artillerie de boulets, cailloux, clous de charrette, carreaux, chaisnes de fer ; aussi toutes espèces d'artifices de feu comme grenades, pots, lances, torches, fusées, fagots brulans, abondante eau bouillante et plomb fondu et poudre de chaux vive pour leur crever les yeux.

« L'Empereur ayant entendu la délibération de ce grand guerrier M. de Guise... et notre dernière résolution, et voyant le peu qu'il avait avancé... et la grande peste qui estait en tout son camp... et que les soldats se desbandaient et par grandes troupes s'en allaient, conclut enfin se retirer... Le marquis de Brandebourg fut le dernier qui délogea... et laissa beaucoup de bagages et pièces d'artillerie, qu'il ne sçut faire mener, pource que la bataille avait rompu et effondré le chemin. (L'histoire se renouvelle).

« Nostre gendarmerie voulait à toutes forces sortir de la ville pour luy aller donner en queue ; mais M. de Guise ne le voulut jamais permettre ; ainsi au contraire leur dit qu'on leur devait plutôt applanir les chemins et leur faire des ponts d'or et d'argent pour les laisser aller, ressemblant au bon Pasteur et Berger qui ne veut perdre une seule de ses ouailles.

4

« Voilà comme nos chers et bien aimés Impériaux s'en allèrent de devant Metz, qui fut le lendemain de Noël..., toutes fois ne s'en allèrent pas tous, il s'en fallut de vingt mille qui estaient morts tant par l'artillerie et coups de mains que de la peste, du froid et de la faim, et de grande rage qu'ils ne pouvaient entrer en la ville pour nous couper la gorge et avoir le pillage.

« Mondit Seigneur de Guise, fit enterrer les morts et traiter les malades des ennemis et envoya à leurs blessés vivres en suffisance, et me commanda et aux autres chirurgiens de les aller panser et médicamenter, ce que nous faisions de bonne volonté, et croye qu'ils n'eussent fait le semblable envers les nostres, parce que l'Espagnol est très cruel, perfide et inhumain... Les moyens de transport manquaient aux Impériaux pour transporter leurs blessés. M. de Guise leur fit bailler charrettes et chartiers.

« La cause de leur mortalité estait principalement de la famine, peste et du froid, car la neige estait sur la terre plus de hauteur de deux pieds. Néantmoins que chacun soldat avait son lict de camp et une couverture toute semée d'estoi-

les luisantes et brillantes, plus claires que fin
or ; et tous les jours avaient draps blancs et
logés à l'enseigne de la lune, et faisaient bonne
chère quand ils avaient de quoy ; et payaient
si bien leurs hostes dès le soir, que le matin
s'en allaient quittes, secouant les oreilles. Et
ne leur fallait nul peigne pour destacher le duvet
et la plume de contre leurs barbes et cheveux ;
et trouvaient toujours nappe blanche, perdant
de bons repas par faute de viande. Aussi la plus
grande part n'avaient bottes ny bottines, pan-
toufles, chausses ny souliers ; et plusieurs ai-
maient mieux n'en avoir point que d'en avoir
pour ce qu'ils *estaient toujours en la fange jus-*
*ques à my jambes :* et, à cause qu'ils allaient
nuds pieds, nous les appelions les *Apostres de*
*l'Empereur* ».

Et nous, comment appellerons-nous nos poilus
enlisés dans la fange, sinon les apôtres de la justice ?

*<br>* *

Mais, après ce chant de victoire mêlé d'humour et de poésie, voici un tableau terrible de la misère des nôtres à Hedin.

« En 1553, le roy m'envoya en Picardie, au chasteau de Hedin, que, tôt après la prise de Therouënne, l'armée de l'Empereur Charles assiégea. Nos soldats faisaient souvent des saillies sur l'ennemi ; j'eus beaucoup de besogne taillée, de façon que je n'avais repos ny jour ny nuit à panser les blessés…, et nous en avions mis beaucoup en une grosse tour, couchés sur un peu de paille, et leurs oreillers estaient de pierres, leurs couvertures estaient manteaux à ceux qui en avaient ; leurs playes saignaient et lors c'estait à moy de courir pour les estancher.

« Je ne veux laisser leurs linges dont ils estaient pansés, qui estaient seulement relavés tous les jours et scéchés au feu, partant endurcis comme parchemins. Il y avait quatre grosses putains de haute graisse, à qui fut donnée la charge de blanchir le linge, qui s'en acquittaient à coup de bastons ; et aussi qu'elles n'avaient l'eau à commandement ny moins le savon. Voilà comme les pauvres malades mou-

raient par faute d'alimens et autres choses nécessaires ».

Le duc Horace est tué ; M. de Martigues que
soignait Paré, reçoit un coup de boulet qui lui
perce les poumons. « Alors, dit Paré, nous de-
mandâmes à parlementer ; la réponse fut : que
les chefs seraient prisonniers à rançon et les soldats sortiraient sans armes. Un conseil fut tenu
où je fus appelé pour scavoir si je voulais
signer, comme plusieurs capitaines et gentils-
hommes, que la place fut rendue. Je fis rés-
ponse qu'elle n'estait pas tenable... et j'avais
grand désir d'estre hors de cet enfer, car je ne
dormais ne nuict ne jour pour la grande quantité de blessés... Et si j'entrais en un logis, il
y avait des soldats qui m'attendaient à la porte
lorsque j'en sortais, pour en panser d'autres ;
c'estait à qui m'aurait et *me portait comme
un corps sainct*, ne touchant du pied en terre
malgre les uns les autres ».

C'est ainsi que le grand chrétien Paré fut mis de
son vivant au nombre des Saints.

Connaissant que l'affaire n'allait pas bien, et de
peur d'être reconnu, Paré se déguise :

« Je donnay un saye de velours, un pourpoint de satin, un manteau d'un fin drap, paré de velours, à un soldat qui me donna un meschant pourpoint tout déchiré et déchiqueté d'usure, et un collet de cuir, bien examiné, et un meschant chappeau et un petit manteau ; je barbouillay le collet de ma chemise avec de l'eau où j'avais destrempé un peu de suye. Pareillement j'usay mes chausses avec une pierre à l'endroit des genouils et au dessus des tallons, comme si elles eussent longtemps esté portées ; j'en fis autant de mes souliers, de façon qu'on m'eust plustot pris pour un ramoneur que pour un chirurgien de Roy ».

La garnison se rend et les Espagnols font subir à nos soldats désarmés d'infernales tortures ! Paré est fait prisonnier avec M. de Martigue, mortellement blessé. M. de Savoye fait demander si la playe de M. de Martigue peut guérir ; Paré répond qu'elle est incurable, mais, devant les chirurgiens de l'Empereur et ceux du Seigneur de Savoye, il explique si bien comment il a pansé le blessé qu'il est reconnu comme un maître en l'art chirurgical.

Un imposteur Espagnol promet de guérir M. de Martigue.

« Il demanda une chemise dudit Seigneur et la mit en petits lambeaux, qu'il posa en croix, marmotant et barbotant certaines paroles sur les playes, et l'ayant habillé luy permit manger et boire tout ce qu'il voudrait, lui disant qu'il ferait diette pour luy ; ce qu'il faisait ne mangeant que six pruneaux et six morceaux de pain pour repas, ne beuvant que de la bière. Néanmoins, deux jours après, ledit Seigneur de Martigue mourut ».

Le chirurgien de l'Empereur pria Paré « bien affectueusement » de faire l'ouverture du corps pour l'embaumer. Paré obligé d'obéir, se proposa assez imprudemment de « monstrer qu'il estait anatomiste », et annonça d'avance ce qui fut trouvé dans le corps. Emerveillé, le chirurgien de l'Empereur demanda alors à Paré, de demeurer avec lui.

« Je le remerciai bien fort de l'honneur qu'il me faisait et dis que je n'avais aucune envie de faire service aux estrangers de ma patrie. Le Duc de Savoye chargea un de ses maistres d'hôtel me dire que si je voulais demeurer à son service, il me traiterait bien : je luy fis response que je le remerciais bien humblement, mais que j'avais délibéré de ne demeurer avec nul estranger. Cette mienne response entendue, le Duc de Savoye se coléra aucunement et dit qu'il me fallait envoyer aux galères ! »

Finalement les choses s'arrangent et Paré accepte de panser un ulcère du Seigneur de Vaudeuille, qui lui promèt la liberté en cas de guérison.

Paré ne renouvelait le pansement de M. de Vaudeuille qu'une fois par jour, ce dont on s'estonnait fort ; et Paré pour montrer l'avantage qu'il y a n'user trop souvent de nouvelles emplastres explique que :

« Les qualités de tous corps qui s'entretouchent agissent l'une contre l'autre, et toutes deux patissent quelque chose, fust l'une d'icelle beaucoup plus forte que l'autre ; au moyen de quoy lesdites qualités s'unissent et familiarisent avec le temps, combien qu'elles soient de beaucoup différentes ; de manière que la qualité du médicament s'unit et quelques fois devient semblable à celle du corps, qui est chose fort utile ».

On reconnaîtra là un précepte fondamental de la magie. Il contient des vérités, que la théorie moderne du rayonnement mettra de plus en plus en lumière ; les corps n'étant composés, en dernière analyse, que de vibrations diverses qui, en se rencontrant, se modifient suivant la durée, proximité et nature des mouvements.

**M.** de Vaudeuille est guéri, Paré libéré nous dit sa joie.

« Après avoir passé par Saint-Omer, je pris la poste à Abbevile et m'en allay trouver le roy Henri, mon maistre à Anfimon, qui me reçut avec une allégresse et de bonne grâce... et luy assurai avoir vu les grosses pièces de batteries qu'ils avaient menées à Saint-Omer, dont le Roy fut joyeux parce qu'il craignait que l'ennemy ne vint plus avant en France ».

Le Roy ayant su Paré prisonnier, « ... avait fait escrire à sa femme qu'elle ne se donnast peine et qu'il payerait la rançon ».

Jusqu'à la fin de sa vie, la faveur du Roi Henri II et de ses successeurs François II, Charles IX et Henri III. n'abandonna jamais Paré : chirurgien ordinaire du roy en 1552, comme nous l'avons dit, il deviendra premier chirurgien de Charles IX en 1564 et recevra le titre de conseiller en 1575. En 1554, un an après Hedin, il fut nommé docteur en chirurgie du collège de Saint-Côme ; il semble qu'il eût bien mérité cet honneur sans que l'intervention royale fut nécessaire, mais il ne faut pas oublier qu'Ambroise ignorait le latin, et les statuts du collège de Saint-Côme étaient formels : le candidat devait être interrogé et répondre en latin ; on tourna la difficulté en préparant une sorte de comédie digne de Molière, où l'on souffla à Paré des phrases latines convenues d'avance qu'il répéta en les écorchant, et où le « dignus est intrare... » ne fut prononcé qu'avec des taquineries où perçait la mauvaise humeur de ses examinateurs. Bien que son ami Rivière se fut entremis et que d'ailleurs le collège de Saint-Côme eût tout intérêt à accueillir dans son sein un chirurgien d'une telle valeur, et si bien en cour (ne fut-ce que afin d'obtenir pour la dissection les cadavres des suppliciés qu'on lui refusait), le jury déclara, après l'examen du baccalauréat passé à huis clos, que le candidat était faible en chirurgie (!), que son latin était barbare et corrompu et qu'il n'était reçu qu'à la condition d'apprendre cette langue et la chirurgie (!) La licence ne lui fut accordée que « pour complaire au roy ». Malgré tout, malgré les envieux et les pédants, il coiffa le bonnet de docteur (1). A l'inverse de ses juges, nous nous félicitons aujourd'hui de cette

(1) Voir Debove, conférence sur Paré. Iconographie de la Salpétrière, janv. 1905.

heureuse ignorance du latin, qui préserva Paré de tant de routines, lui laissa la possibilité d'acquérir sans partis pris, au contact même des pénibles réalités, une vue non faussée des blessures et des maladies, et qui, surtout, lui fit écrire, le premier en langue vulgaire, un ouvrage scientifique sur chirurgie et médecine. C'était toute une révolution, presque comparable à la publication en français de l'Institution chrétienne de Calvin. Encore l'Institution parut-elle d'abord en latin ; Ambroise pensa et écrivit en langue française, et, sans doute, sa syntaxe est parfois fautive, sa phrase n'est pas toujours correctement construite ; il y a des obscurités, des lourdeurs, des répétitions, surtout dans ses premiers écrits. Mais par contre quel naturel, quelle poésie dans les mots qu'il emploie, qui font image tant par leur choix que par le relief étymologique que l'orthographe du temps laisse transparaître ; quelle naïveté dans ce vieux langage allégé par la fréquente absence des pronoms, des articles et des conjonctions ; quelle force dans certaines peintures. Paré est prolixe, il se répète, à la manière du peuple dont il sort, mais aussi, à la manière de Péguy, en ajoutant chaque fois une nuance nouvelle à sa pensée. « Avant lui, il n'existait traduit en français sur la chirurgie, que deux ouvrages classiques : le Guy de Chauliac et le Jean de Vigo, tous deux d'une époque arriérée, tous deux offrant des lacunes immenses ; vainement les grands travaux de l'antiquité seraient sortis de la poussière si un homme ne s'était trouvé pour les mettre en œuvre... Paré donna aux anciens toute l'autorité qu'ils devaient avoir en les appuyant de la sienne..., par lui la chirurgie Hippocratique implantée en France se propagea victorieusement en Flandre et en Angleterre et même en Allemagne... » (1)

Cependant Paré ne suit pas servilement les anciens :

« Les arts, dit-il (2), ne sont pas encore si accomplis qu'on n'y puisse faire addition ; ils se parfont et polissent par succession de temps... C'est lascheté trop reprochable de s'arrester à l'invention des premiers, en les imitant seulement à la façon des paresseux, sans rien adjouter ni accroistre à l'héritage qu'ils nous ont laissé, non pour le laisser devenir en friche, mais pour le cultiver et embellir... restant à la vérité plus de choses à chercher qu'il n'y en a de trouvées. Par quoy ne soyons si simples de nous reposer et endormir sur le labeur des an-

(1) Malgaigne, int. 1, 349.
(2) *Au lecteur.*

ciens, comme s'ils avaient tout sçu ou tout dit
sans rien laisser à excogiter et à dire à ceux
qui viendront après eux. Si nous agissions
ainsi, ceux qui viendraient après nous auraient
grande raison de nous blasmer... vu que, de
jour à autre comme la corruption des hommes
va en croissant, les maladies aussi se diversi-
fient et renouvellent ; de sorte que les médecins,
qui ne sauraient que ce que les anciens ont
escrit, demeureraient auprès des patients sans
leur donner autre remède que de patience ».

Paré a pris son bien où il le trouvait, mais déclare-
t-il, avec une juste fierté :

« J'ay pris pour règle générale les escrits des
anciens, mais je dis que toute cette œuvre est
à moy et n'en puis estre fraudé..., puis que j'ai
basti en mon propre fond et que l'édifice et les
matériaux m'appartiennent.

« Et de tout ce que j'ay oncques pu apprendre de rare et de singulier, j'en fais en ce livre,
libérale, voire prodigue largesse, ne me souciant
de ma despense, du labeur ny du soin que j'ay
eu à le rechercher, pourvu que je serve au public, et fasse chose agréable à mon Roy, plai-

sante aux princes et profitable à toute la nation. »

Et Ambroise Paré se rend bien compte que l'emploi de la langue française, c'est l'avènement du populaire à la connaissance scientifique ou religieuse. Ecoutez de quel ton il le proclame :

« Or, disent certains, que je ne devais escrire en Français, et que par ce moyen la médecine en serait tenue à mespris ; ce qui me semble le contraire, car ce que j'en ai fait est plustot pour la magnifier et honorer. Il faut entendre que les sciences tant plus elles sont cognues de plusieurs, tant plus elles sont louées, vu que science et vertu n'ont plus grand ennemi que l'ignorance. Davantage je demanderais volontiers si la philosophie d'Aristote, la médecine du divin Hippocrate ont esté obscurcies et amoindries, pour avoir esté traduites de grec en latin ou en langue Arabic... Pourquoi semblablement ne me sera-t-il permis d'escrire en ma langue Française, laquelle est autant noble que nulle autre estrangère. Et disent que j'ai osté le voile de devant les yeux de ceux qui voudraient ci-après pratiquer la chirurgie, que je leur ai mis l'instrument en main... s'ils disent vray, ils confessent l'honneur qui m'est dû. »

La composition de sa grande chirurgie, ses fonctions à la Cour et aux camps n'épuisaient pas l'activité de Paré : outre les études d'anatomie qu'il poursuivait journellement sur un squelette qu'il avait dans son « musée », outre de nombreuses lectures par lesquelles il remédiait à l'insuffisance de l'instruction reçue dans sa jeunesse, il s'occupait, comme un bon bourgeois de Paris, de sa famille et des biens que les libéralités des Roys et des Seigneurs lui avaient permis d'acquérir. Il possédait un hôtel situé quai des Grands-Augustins, à l'enseigne des Trois Maures ; il acheta une maison à Meudon, ayant appartenu à Mazelin, frère de sa première femme. Celle-ci lui avait donné deux fils qu'il eut le malheur de perdre en bas-âge et une fille Catherine, qui eut une nombreuse postérité. Sa bonté pour les siens était grande ; il recueillit sa nièce Jeanne de Neufville, orpheline et lui constitua une dot de 500 livres tournois ; il fit un don à Olive Arnouillet, dont le père lui avait offert pour sa collection un agneau monstrueux ; il donna quarante livres tournois de rente à son neveu Bertrand, fils de Jean Paré, chirurgien à Vitré ; à Guillaume Guéan, maître peintre, un terrain pour bâtir... J'abrège la liste. En 1573, sa première femme mourut et fut inhumée en l'église Saint-André ; deux mois après, n'ayant personne pour s'occuper de sa fille et de sa nièce, il épousa Jacqueline (1), fille du chevaucheur ordinaire de l'écurie du Roy, du nombre des six-vingt privilégiés bourgeois de Paris ; Jacqueline apportait cinq mille livres tournois de dot. Les bancs furent publiés à l'église Saint-Séverin. De ce second mariage, il eut encore un fils qui mourut à quelques mois, et une fille Anne, baptisée à l'église Saint-André, avec Anne d'Este et Jacque de Savoie pour marraine et parrain (2). La fille du chevaucheur de l'écurie du Roy et le fils du valet barbier du Comte de Laval avaient de beaux protecteurs pour leur enfant !

Mais laissons le Paré bourgeois de Paris, pour revenir au Paré qui appartient à l'histoire :

Trois ans après sa libération à Hedin, il est à Saint-Quentin où, aidant des gentilshommes à trouver le corps de M. de Bois Dauphin l'aisné, qui avait été tué en la bataille, « il vit plus de demie lieu autour de lui la terre toute couverte de morts, et de ces corps s'élevant à leur pas-

(1) Jacqueline Rousselet.
(2) Voir Le Paulmier.

sage, une si grande quantité de grosses mouches ayant le dos vert et bleu, qu'estant en l'air faisaient ombre au soleil. »

En 1559, il est au tournoi où Henri II est frappé mortellement à l'œil par un tronçon de lance ; il propose une opération qui aurait peut-être sauvé la vie de l'illustre blessé, mais on ne l'écoute pas. Il reste auprès de François II qui meurt après dix-huit mois de règne. Certaines gens, dont les succès de Paré excitaient la jalousie, essayent de faire planer sur lui des soupçons d'empoisonnement, mais la reine Catherine qui appréciait Paré, et parlait parfois italien avec lui, prend sa défense et s'écrie indignée :

« Non, non, Ambroise est trop homme de bien *et notre bon ami*, pour avoir eu la pensée de ce projet odieux ». (1)

Paré conquiert les bonnes grâces et même l'affection de Charles IX enfant, en le guérissant d'un abcès très pénible au bras, causé par une saignée maladroitement faite ; nous avons vu que le jeune roi lui demanda à Rouen d'écrire un traité « touchant les plaies d'harquebusades, et autres bastons, à feu ». Il est en campagne, à la suite de la Cour,

(1) Voir D<sup>r</sup> Perdrix, *Notice sur A. Paré*, Paris 1836, Imp. Crapelet.

dans l'armée royale, qui fait le siège de plusieurs villes tombées au pouvoir des protestants, et qui reprend successivement Poitiers, Blois, Tours, Bourges (1). Il s'est rendu indispensable, et, quand Catherine de Médicis entreprend avec son fils un voyage à travers la France, désirant reconnaître l'état du royaume et la force respective des partis religieux, afin de savoir si elle s'appuiera sur les huguenots ou sur les catholiques, Paré accompagne la Cour pendant deux ans (1564-1566). Hélas la peste règne en maintes régions, et en particulier à Lyon (1564), et c'est encore à Paré que la reine mère commande de renseigner le roy sur cette terrible maladie. Il ne s'agissait plus de chirurgie, mais la faveur de Paré était telle, qu'il passait par-dessus les médecins du roy.

Ayant commencé d'écrire sur les maladies, Paré n'en resta pas là : Ses traités sur la fièvre, les monstres et prodiges, la lèpre, les venins, sont d'un haut intérêt, nous renseignant sur les idées de l'époque, nous charmant parfois en des sujets qui sembleraient exclure le charme, alliant les idées religieuses les plus hautes et le plus fortement exprimées, aux enseignements les plus pratiques, et les vues générales à de minutieux préceptes ; montrant un

(1) Voir Le Paulmier, p. 60.

si parfait bon sens qu'il tient souvent lieu de science à l'auteur, et par endroit, comme par exemple au sujet de la suggestion, devance son temps et se rapproche de nos idées modernes.

Voici des extraits du 24ᵉ livre d'Ambroise Paré, traitant de la peste :

« 1° *Cause divine de la Peste, l'Ire de Dieu.*

« C'est une chose résolue entre les vrais chrétiens, auquels l'Eternel a révélé les secrets de sa sapience, que la peste et autres maladies qui adviennent ordinairement aux hommes procèdent de la main de Dieu, ainsi que le prophète nous enseigne : quelle adversité sera en la cité, que le Seigneur n'aye faite. Ce que nous devons en tout temps méditer pour deux raisons : la première est pour recognaistre que ce que nous avons de vie, santé, mouvement et estre, procède directement de la pure bonté de Dieu, qui est le père des lumières, à fin que, par ce moyen, nous lui rendions grâce de ses bénéfices. L'autre est que la connaissance des afflictions qui nous sont envoyées de Dieu, nous achemine à une droite intelligence de sa justice sur nos péchés, à fin qu'à l'exemple de David, nous nous humilions sous sa main puissante pour garder que nostre âme ne pêche par impatience; aussi qu'estans relevés de desespoir, nous invoquions sa Majesté pour nous délivrer de tous maux par sa miséricorde. Voilà comment nous apprendrons de chercher et en Dieu et en nous, au ciel et en la terre, la droite connaissance des causes de la peste, de laquelle nous sommes visités.

« Les causes segondes ne peuvent enchainer la liberté de Dieu.

« Et ne faut que nul ne soit si hardy et plein de rage, de vouloir attacher Dieu, qui est la souveraine cause de toutes choses, aux causes segondes et inférieures, et à ses créatures ou à la première disposition que lui mesme a baillée ; et ce serait ravir à Dieu ce titre de tout puissant et luy oster la liberté de plus rien changer et disposer autrement qu'il n'a fait du commencement, comme si l'ordre qu'il a establi le tenait sujet et lié, sans qu'il put rien innover. Car quelqu'ordre que Dieu aye mis en Nature, en la révélation des saisons, au mouvement des astres et planètes, tant y a-t-il qu'il n'est point

lié ny sujet à créature quelconque ; ains (mais)
besogne et fait ses œuvres en toute liberté et
n'est aucunement sujet de suivre l'ordre qu'il
a establi ; mais s'il sait punir les hommes à
cause de leurs péchés, afin de leur montrer sa
justice, ou les combler de biens pour leur faire
sentir sa bonté paternelle, il change sans difficulté cet ordre quand bon lui semble, et le fait
servir à sa volonté selon qu'il voit estre bon et
juste.

« Or, comme le Seigneur se sert des inférieures
choses pour estre ministres de sa volonté et tesmoignages de sa grâce à ceux qui le craignent,
aussi elles luy servent de héraults et exécuteurs
de sa justice pour punir les iniquités et offenses
des pescheurs et contempteurs de sa Majesté.
Et partant, pour dire en un mot, c'est la main
de Dieu, qui par son juste jugement, darde du
ciel cette peste et contagion selon la menace
qui est contenue en l'Escriture (Jérémi 29) : Je
ferai venir sur vous le glaive exécuteur...

« Concluons donc que la peste et autres maladies dangereuses sont tesmoignages de la fureur
divine sur les péchés, idolatries et superstitions
qui règnent en terre, comme mesme un auteur

profane (Hippocrate) est contraint de confesser qu'il y a quelque chose de divin aux maladies. »

Ici la voix de Paré prend les accents d'un prophète :

« Que sera-ce donc de nous, pauvres humains, qui nous escoulons comme la neige ? Comment pourrons-nous subsister devant le feu de l'Ire de Dieu, vu que nous sommes foin et paille, et que nos jours s'évanouissent comme vapeur de fumée. Apprenons de nous convertir de nos voyes mauvaises à la pureté du service de Dieu... Scachons que c'est icy le principal antidote contre la peste que la conversion et amendement de nos vies. Et tout ainsi que les apothicaires font du thériaque de la chair de serpent pour guarir de la morsure venimeuse, ainsi de la cause de nos maladies (c'est à scavoir de nos péchés), tirons en le remède et guarisons, en regardant vers le fils de Dieu Jésus Christ notre Seigneur.

« En outre ce, je conseille au chirurgien ne vouloir négliger les remèdes approuvés par la médecine ancienne et moderne — (condamnation des Christian scientistes — car bien que par la volonté de Dieu telle maladie soit envoyée aux hommes, n'est-ce par sa saincte volonté que les secours nous sont donnés pareillement de luy, pour en user comme d'instruments à sa gloire, et veut que nous usions des causes segondes et naturelles, comme d'instruments de sa bénédiction. Autrement nous serions bien ingrats et mépriserions sa bénédiction.

« Il reste maintenant à chercher les causes naturelles de cette peste. »

« 2° *Causes segondes*.

« Les causes segondes de la peste sont deux : à scavoir : l'air infecté et corrompu et l'altération des humeurs viciées en notre corps.

« Quand nous parlons de l'air pestilent, nous ne voulons qu'il soit estimé simple et élémentaire..., *mais l'air n'acquiert de pourriture que par addition et meslanges des vapeurs pourries esparses en luy*. La pourriture qui vient des corps morts des hommes est plus pernicieuse aux hommes que celle des autres animaux : ce qui provient pour la sympathie et concordance qu'ils ont les uns aux autres — (magie). — Toutefois on a vu pour escorcher des bœufs et

autres bestes mortes de la peste, l'escorcheur
mourir subitement.

« Nos humeurs se corrompent par la mauvaise manière de vivre et de là procèdent les
causes principales de la corruption par lesquelles tels corps sont soudainement frappés de
peste : car, après avoir bu des vins poussés et
corrompus et des eaux mauvaises et putrides
comme celles qui sont bourbeuses, et maresca-
geuses, dans lesquelles se dégorgent les esgouts
puants... lesquelles aussi on aura jetté quelqu'ordure et lavé le linge, et jetté des excré-
ments des pestiférés comme est un esgout de
l'Hostel Dieu de Paris ! Ou après avoir mangé
meschantes viandes comme grains pourris, herbes, fruits sauvages et autres aliments altérés
et non accoustumés, comme on fait par une
grande famine et aux villes et places assiégées
(ce que je scay pour y avoir esté), tellement
que par nécessité les hommes sont contraints
de faire du pain d'avoine, fèves, pois, vesse de
glands, racines de feugère et dent de chien ;
après, dis-je, telle manière de vivre survient
ordinairement une peste ; car telle nourriture
engendre obstruction et pourriture, dont s'en-

suivent galles..., ulcères, fièvres putrides qui sont préparatifs à la peste ; *à quoy aussi aide grandement la perturbation des esprits*, et humeurs comme de crainte, frayeur, fascherie, car telles choses changent l'économie de toute l'habitude du corps.

« Ce que n'aguères nous a esté manifesté en plusieurs de ceux qui furent blessés à la bataille près de Sainct Denys ; leurs playes dégénéraient en grandes pourritures... et presque tous mouraient, voire encore que leurs playes fussent petites... dont plusieurs affirmaient et philosophaient que c'estait à raison de la poudre à canon et des boulets qu'on disait estre envenimés ; ce qui ne me semble estre vray, ainsi que j'ay amplement discouru au Traité des playes faites par harquebuses et autres bastons de feu... mais les accidents venaient plustot à cause de l'ébullition du sang..., tant pour l'extrème cholère et effroy de l'appréhension de la mort qu'on voit si proche et principalement aussi pour les corruptions et pourritures de l'air ».

### 3º *Remèdes*

« Maintenant, écrit Paré, après avoir descrit la peste, nous faut dire comment on s'en doit préserver :

« Le plus souverain *remède* est s'enfuir tost et loing du lieu infecté... et élire un bon air pour rendre le corps fort. Il ne faut manger patisserie, ny se trop saouler. Le bon air aide beaucoup à la conservation, tel le vent de Bize qui vient du septentrion pour ce qu'il est froid et sec..., on fermera les fenestres au vent du midy, puis après on fera du feu par toutes les chambres et on les parfumera de choses aromatiques comme d'encens, de myrrhe, benjoin, roses, feuilles de myrthe, lavande, rosmarain, sauge, basilic, serpolet, marjolaine, genest, pommes de pin, clous de girofle, oiselets de Cypre ».

Que d'agréables désinfectants ! Et voici le rôle purificateur du soleil, que nous semblons avoir découvert à nouveau, il n'y a que peu d'années :

« On ne doit sortir de la chambre en temps de

peste que deux heures après le soleil levé, afin qu'il ait purifié l'air par sa clarté et chaleur.

« Dame Vénus est la vraye peste si on n'en use avec discrétion.

« On doit se garder en temps de peste d'acheter choses auxquelles l'air pestilent se peut couver aisément et garder, comme en chanvre, lin, liets où auront couché les pestiférés, fourrures, habillements de drap de laine, tapisseries et autres semblables. Davantage il ne faut pas faire sa demeure près des cimetières (et principalement près de ceux esquels les corps morts ne sont enterrés profondément, comme on a fait à Saint Innocent, de façon que quelquefois les chiens les déterrent et mangent) ; ny près de voieries, escorcheries, poissonneries, frippiers, revendeurs...

« Il faut éviter mélancholie et de se courroucer grandement..., au contraire il faut se tenir joyeux, en bonne et petite compagnie, et par fois ouïr chantres et instruments de musique, et aucunes fois lire ou ouïr lire quelque lecture plaisante, *et principalement de la Saincte Escriture.*

« Les magistrats doivent faire tenir les mai-

sons et rues, les rivières, puits et fontaines nets
de toute impureté... faire chasser et tuer les
chiens et chats..., ils doivent fermer les portes
de leurs villes non encore entachées du venin
pour obvier que les voyageurs venans de quelque lieu infecté ne leur apportent la peste, car
ainsi qu'une brebis galleuse peut infecter tout
un troupeau, aussi un pestiféré peut infecter
toute une ville. »

Qu'avons-nous appris de plus sur la manière
d'éviter la contagion ?

« Les magistrats feront : pendre une nappe
ou autre signet aux fenestres des maisons où
aucuns seront morts de peste. Il faut aussi que
les chirurgiens et ceux qui conversent avec les
pestiférés portent une verge blanche à la main
lorsqu'ils iront par la ville, afin qu'ils fassent
retirer le peuple arrière d'eux. Ils feront faire
de grands feux.

« Ils feront enterrer promptement les corps
morts.

« Ils doivent avoir l'œil sur certains larrons
meurtriers et empoisonneurs, plus qu'inhu-
mains qui graissent et barbouillent les parois

et portes des bonnes maisons de la sanie des charbons et bosses des pestiférés afin de les infecter, pour après, avoir moyen d'entrer dedans piller et dérober, voire estrangler les pauvres malades en leurs lits ; ce qui a été fait à Lyon, l'an 1565. O Dieu, que tels galands méritent grande punition exemplaire ! »

La suite du livre de la peste traite des remèdes médicaux qui ne peuvent intéresser que les spécialistes.

*
* *

Lisons maintenant quelques passages du livre des *Monstres et Prodiges*. Malgaigne en parle à juste titre avec grand éloge : « Je n'hésite pas, dit-il, à donner ce livre comme un des plus curieux et des plus intéressants du xviᵉ siècle... et ayant créé dans la pathologie chirurgicale une branche toute nouvelle ». Mais Malgaigne regrette dans ce traité ce qu'il appelle une « digression assez malheureuse sur les démons et l'art magique ». Je pense au contraire que Paré, dans cette « digression », a donné, d'une façon extrêmement clairvoyante et précise pour l'époque, l'explication de la sorcellerie.

*« Les causes des monstres sont plusieurs :*

*La première est la gloire de Dieu*

« Il est escrit en Saint Jean d'un homme qui estait nay aveugle, lequel ayant recouvert la vue par la grâce de Jésus-Christ, fut interrogé de ses disciples, si le péché de luy ou de ses parens estait cause qu'il eust été ainsi produit aveugle dès le jour de sa nativité. Et Jésus-Christ leur répondit : que luy, ne son père, ne sa mère n'avaient péché, mais que c'estait afin que les œuvres de Dieu fussent magnifiées en luy ».

*« La seconde cause des monstres est l'Ire de Dieu*

« Il est certain que le plus souvent les créatures monstrueuses et prodigieuses procèdent du jugement de Dieu, lequel permet que les pères et mères produisent telles abominations au désordre qu'ils ont eu... sans respecter les lois de Dieu et de la Nature, comme il est escrit en *Esdras* le prophète... et pareillement dans *Moyse* au lévitique. »

« *Une autre cause est l'imagination.*

« Les anciens qui ont recherché les secrets de nature ont référé les causes des enfants extraordinaires à une ardente et obstinée imagination de la femme par quelque objet ou songe — Cecy même est vérifié par l'authorité de Moyse où il monstre comme Jacob déçut son beau-père Laban et s'enrichit de son bestial, ayant fait peler des verges, les mettant à l'abreuvoir à fin que les chèvres et brebis regardant ces verges de couleurs diverses, formassent leurs petits marquetés de diverses taches, parce que *l'imagination a tant de puissance... que le rayon et charactère en demeure sur la chose enfantée.* »

Le mot *rayon* y est bien. C'est un germe de la théorie du rayonnement de la pensée et de l'idée-forme. Paré dit encore sur ce sujet :

« Combien on voit de gens qui, au visage où autres parties extérieures du corps, ont la figure d'une cerise, d'une prune, d'une figue, d'une mure ? La cause de quoy a esté toujours référée à la forte imagination de la femme enceinte,

esmue de l'appétit véhément... comme mesme
on en voit naistre d'aucuns ayant en quelque
endroit du corps la figure et substance d'une
coinne de lard, d'autres d'une souris, d'autres
d'une escrevisse, d'autres d'une solle... *ce qui
n'est point hors de raison entendu la force de
l'imagination se joignant avec la vertu confor-
matrice, à la mollesse de l'embryon, prompte
comme la cire molle à recevoir toute forme.* »

« *Mauvaises conditions physiques chez la mère.*

« Comme l'on voit que lorsqu'une poire attachée à l'arbre, posée en un vaisseau étroit,
devant qu'elle soit accrue, ne peut prendre
croissance complète ; ce qui est connu aussi
aux dames qui nourrissent des jeunes chiens en
petits paniers, pour garder de croistre. Pareillement la plante naissant de terre, trouvant une
pierre ou autre chose solide à l'endroit où elle
vient, fait que la plante sera tortue, et engros-
sie en une partie, et gresle en l'autre ; semblablement les enfants... naissent difformes —
pour la femme s'étant tenue quasi toujours
assise pendant sa grossesse, et les jambes croi-
sées comme volontiers font les couturières ou

celles qui besognent en tapisseries sur leurs genoux, ou s'étant bandé et trop serré le ventre, les enfants naissent courbés, bossus et contrefaits. »

Que d'enseignements en ces lignes pleines de bonhomie où le corset est déjà condamné.

### « Hérédités.

« Pour les indispositions ou compositions héréditaires des pères et mères : il est assez manifeste qu'un bossu fait naistre son enfant bossu..., une femme boiteuse d'un côté fait ses enfants semblables à elle ; austres estant boiteux des deux hanches, font enfants qui le sont semblablement et qui cheminent canetant ; les camus font leurs enfants camus ; ou les pères et mères sont petits, les enfants en naissent le plus souvent nains... autres font leurs enfants bien maigres à cause que père et mère le sont ; les gouteux engendrent des enfants gouteux, et les lapidaires sujets à la pierre. »

### « Sodôme et Gomorrhe

Paré n'a pas l'indulgence que montrent certains

écrivains modernes décrivant avec complaisance ces tares.

« Ces gens débordent contre nature, dit-il, et de là s'engendrent monstres hideux, et grandement honteux à voir et à en parler. Toutefois la deshonnesteté gist en effet et non en paroles ; et est lors que cela se fait une chose fort malheureuse et abominable, et grande horreur à l'homme ou à la femme... »

*
* *

Paré parle ensuite de quelques fausses monstruosités, telles que celle d'une

« grosse garce de Normandie qui feignait avoir un serpent dans le ventre. Ce serpent, disait-elle « la rongeoit et tourmentoit jour et nuit... » ainsi tout le monde lui faisait aumosne par une grande compassion. Or, il y eut une damoiselle honorable et grande aumosnière, qui la prit en son logis et me fit appeler, (ensemble plusieurs médecins), pour scavoir s'il y aurait moyen de chasser ce dragon hors le corps de ceste pauvre femme. Nous lui fimes prendre

une médecine qui estait assez gaillarde, tendant
à faire sortir cette beste ; néanmoins ne sortit
point ».

Et la garce de Normandie, prise de peur se sauva
« sans dire adieu à la damoiselle » ; et six jours
après, Paré la trouva hors la porte de Montmartre
sur un cheval de bast « jambe de ça, jambe de là,
qui riait à gorge déployée, et s'en allait avec les
chasse-marées pour avec eux faire voler son dragon ».

Ces histoires de mendiants contrefaisant monstruosités ou infirmités ne finissent pas toutes aussi
gaiement, telle l'aventure d'une cagnardière que :

« Messieurs du bureau des pauvres de Paris
ayant découvert son imposture firent constituer
prisonnière : et ne sortit de prison que premièrement le bourreau n'eust bien carillonné sur
son dos et après fut bannie à jamais hors de
la ville de Paris. »

La justice d'alors ne badinait pas, et Paré, malgré
sa bonté, est de son siècle ; pourtant on aimerait
qu'il n'eût pas écrit cette plaisanterie à propos
d'une malheureuse.

Le reste du livre traite des prodiges produits par
les sorciers et les démons.

> « *Exemple des choses monstrueuses*
> *faites par les démons et sorciers*

« Il y a des sorciers et enchanteurs, empoisonneurs, vénéfiques, meschans, rusés, trompeurs, lesquels font leur sort par la paction qu'ils ont faite aux démons qui leur sont esclaves et vassaux.

« Et nul ne peut estre sorcier que premièrement n'aye renoncé Dieu son créateur et sauveur et pris volontairement l'alliance et amitié du diable, pour le reconnaistre et advouer, au lieu du Dieu vivant et s'estre donné à luy.

« Et ces manières de gens qui deviennent sorciers, c'est par une infidélité et défiance des promesses et assistances de Dieu ou par mespris, ou par une curiosité de scavoir choses secrettes et futures ; ou estant pressés d'une grande pauvreté, et aspirans d'estre riches !

« Or nul ne peut nier, et n'en faut douter, qu'il n'y ait des sorciers. L'authorité des docteurs, les lois et les peines établies contre les sorciers, le prouvent. Devant la nativité de Jésus Christ il s'en est trouvé, et bien longtemps auparavant tesmoin Moyse qui les a con-

damnés par le commandement exprès de
Dieu... Ochosias reçut sentence de mort par le
prophète, pour avoir eu recours aux sorciers
et enchanteurs.

« Les diables troublent l'entendement aux
sorciers par diverses et estranges *illusions*, de
sorte qu'ils cuident avoir vu, ouy, dit et fait,
ce que le diable leur représente en leur fantaisie
et qu'ils seront allés à cent lieues loin voir
mesme autres choses qui seront du tout (entiè-
rement) impossibles non seulement aux hommes, mais aussi aux diables ; ce néant-moins
ils ne seront bougés de leur lict ou autre place.
Mais le diable, puisqu'il a puissance sur eux,
leur imprime tellement en la fantaisie les ima-
ges des choses qu'il leur représente, et qu'il
veut leur faire acroire comme vraies, qu'ils ne
peuvent penser autrement qu'il ne soit ainsi, et
ne les ayant faites, et n'ayant veillé cependant
qu'ils dormaient. »

Nous dirions aujourd'hui que l'esprit des sorciers
est *suggestionné* par les diables.

« Nous sommes enseignés par l'Escriture
Saincte, continue Paré, qu'il y a des esprits bons

et mauvais ; les bons sont appelés anges et les mauvais démons ou diables. »

De nos jours, les chrétiens catholiques ou protestants, les israélites, les occultistes, les théosophes et les théoriciens du rayonnement, croient ou admettent l'existence d'une infinité d'êtres, supérieurs par l'esprit, et échelonnés de l'homme à Dieu. La possibilité d'une communication avec ces esprits bons ou mauvais, découle de la foi en la prière, et de l'existence des ondes psychiques.

Paré insiste :

« Et d'avantage il est escrit : nos corps ressusciteront au son de la trompette et de la voix de l'Archange. Christ dit que Dieu envoyera ses anges qui recueilleront les eslus des bouts du ciel. Il se peut également prouver (par l'Ecriture), qu'il y a des esprits malins appelés diables. Ainsi en l'histoire de Job, le diable fit descendre le feu du ciel, tua le bestial, suscita les vents qui esbranlèrent les quatre coins de la maison, et accablèrent les enfants de Job... Le diable mit au cœur de Juda de trahir Jésus Christ.

« Dès le commencement, Dieu créa une grande multitude d'anges pour citoyens du ciel, qui sont appelés Esprits divins sans corps, demeurent et sont messagers à exécuter la volonté de Dieu leur créateur, soit en justice ou miséricorde ; toutefois ils s'estudient au salut des hommes ; au contraire des malins anges, appelés démons, ou diables, qui de leur nature taschent tousiours à nuire au genre humain par machinations fausses, illusions, tromperies ou mensonges... Ains (1) ils ne peuvent (faire du mal) qu'autant qu'il plaist à Dieu leur lascher la main... »

Puis vient une comparaison saisissante :

« Ainsi qu'on voit aux nuées, se former plusieurs et divers animaux et autres choses, à scavoir centaures, serpents, rochers, chasteaux, hommes et femmes, oiseaux, poissons... ainsi les démons se forment tout subit ce qui leur plaict, et souvent on les voit transformer en bestes comme serpents, crapaux, chats huants, huppes, corbeaux, boucs..., chats, loups, toreaux et autres. »

Une croyance occultiste populaire en certains pays (et qui ne paraît pas sans fondement), veut que les

(1) Ains = Mais.

sorciers soient capables de projeter au loin l'image d'une bête, comme Paré en attribue le pouvoir aux démons.

Et voici les démons en actions :

« Ils remuent bancs, tables, traiteaux, bercent les enfants, jouent au tablier, feuillettent livres, comptent argent et les voit-on promener par la chambre ; ouvrent portes et fenestres, jettent vaisselle par terre, cassent pots et verres, et font autres tintamarres ; néant moins, on ne voit rien au matin hors de sa place, ny rien cassé, ny portes et fenestres ouvertes. »

Ceci rappelle les histoires de maisons hantées, les phénomènes de kynestésie.

« De même les sorciers font trembler la terre, tonner, esclairer, venter, desracinent et arrachent les arbres ; ils font marcher une montagne d'un lieu à un autre, souslèvent en l'air un chasteau et le remettent en place ; fascinent les yeux et les esblouissent en *sorte qu'ils font voir souvent ce qui n'est point*. Ce que j'atteste avoir vu faire à un sorcier en la présence du défunct Roy Charles Neuvième et autres grands seigneurs,

« En sorte qu'ils font voir ce qui n'est point ».
Ambroise Paré n'est pas dupe ; il place la puissance des sorciers, là où elle est : dans la suggestion. C'est une idée fort remarquable à son époque.
Il ajoute comme conclusion, avec une pieuse humilité mêlée de diplomatie (car il était dangereux au XVIe siècle de paraître connaître les secrets des sorciers) :

« Les actions de Satan sont supernaturelles et incompréhensibles, passans l'esprit humain, n'en pouvant rendre raison, non plus que de l'aimant qui attire le feu et fait tourner l'aiguille. Et ne se faut opiniastrer contre la vérité, quand on voit les effets et qu'on ne sait la cause : et confessons la faiblesse de nostre esprit, sans nous arrester aux principes et raisons des choses qui nous manquent, lors que nous voulons examiner les actions des démons et enchanteurs. Les malins esprits sont les exécuteurs et bourreaux de la haute justice de Dieu et ne font rien que par sa permission. Parquoy il nous faut prier Dieu qu'il ne permette point que soyons induits aux tentations de Satan. »

Mais « les sorciers et meschans hommes sont

serfs et ministres des diables. Or, tout ainsi que le diable ne peut bailler les choses vrayes, lesquelles il ne pourrait nullement créer, ains baille seulement quelques vaines espèces d'icelles par lesquelles il offusque l'esprit des hommes ; ainsi aux maladies ne peut donner une vraie et entière guérison, ains use seulement d'une fausse et palliative cure. Il en est de même pour les sorciers. »

Il y a plusieurs sortes de magiciens :

« Aucuns interroguent les morts, lesquels sont nommés nécromanciens ; autres cheiromanciens, parce qu'ils devinent par certains linéamens qui sont en mains ; tous lesquels ne font que tromper et abuser les incrédules, qui vont au recours de ces devins, prophètes, maléfiques, enchanteurs... Il faut du tout fuir ces hommes et les chasser loin par ceux qui connaissent la vraie religion, comme fist anciennement Moyse par commandement de Dieu. »

Au sujet de la cohabitation des hommes ou des femmes avec les démons, Paré écrit :

« Quant à moy, je crois que ceste prétendue cohabitation est imaginaire, procédant d'une impression illusoire de Satan. Quelle confusion serait-ce en nature, s'il estait licite aux diables (d'agir ainsi...) et combien de la création du monde jusqu'à présent les diables eussent-ils produit de monstres par tout le genre humain ! »

Après avoir mis en garde ses lecteurs contre les illusions produites par les démons et les sorciers, Ambroise s'attaque aux sottes superstitions qui avaient cours de son temps, sur de prétendus remèdes :

« comme faire des pillules du crâne d'un homme pendu, contre la morsure d'un chien enragé..., comme certains disent que la fièvre quarte est guarie, si on boit du vin où on aura trempé une espée de laquelle on a coupé le col d'un homme. Ils disent aussi que pour guarir la fièvre quarte il ne faut que mettre les rognures de ses ongles dedans un linge, les lier au col d'une anguille vive et la jeter incontinent en l'eau. Pour guarir la toux, il ne faut que cracher dedans le bec d'une grenouille rouge et la laisser aller. La corde, de quoy on a pendu quelqu'un, guarit le mal de teste. C'est un plaisir que d'entendre telle manière de faire la médecine ; mais entre autres celle-ci est gentille, qui est de mettre ce beau mot : abracadabra en une certaine figure pour guarir de la fièvre.

« Je n'aurais jamais fini, si je voulais m'amuser à rapsodier une milliace de telles superstitieuses sornettes, et n'en eusse tant mis en avant, sinon pour donner avis à beaucoup qui s'y abusent, de ne plus y croire et les prier de rejeter toutes telles sotteries, et s'arrester à ce qui est assuré, et par tant d'habiles et galans hommes approuvé et reçu en la médecine, ce que faisant, il en réussira un bien infini au public ; d'autant qu'après l'honneur de Dieu il n'y a rien qui doive estre plus précieux à l'homme que sa santé. Et ne se faut aucunement fier aux hommes qui ont laissé les naturels moyens et vertus données que Dieu a mises aux plantes, animaux et minéraux pour la curation des maladies et se sont jettés dans les filets des esprits malins..., ainsi que les sorciers en sont venus jusques à dire que (les gens) ne se soucient qui les guarisse et fust le diable d'enfer, qui est un proverbe indigne d'un chrestien car l'Escriture Saincte le défend expressément. Il est certain que les sorciers ne peuvent guarir les maladies naturelles, ny les médecins les maladies venues par sortilèges.

« Et quand à quelques empiriques qui curent les playes simples par seule application de linges secs ou trempés en eau pure et quelquefois les guarissent ; pour cela ne faut pas croire que ce soit enchantement ni miracle, mais par le seul bénéfice de nature, laquelle guarit les playes, ulcères, fractures, et autres maladies ; car le chirurgien ne fait que luy aider en quelque chose et ôter ce qui empeschait, comme douleur, fluxion... »

Belles paroles ! bien dignes d'être méditées par les docteurs du vingtième siècle.

*<br>* *

Parcourons un autre livre médical de Paré, *son traité sur les fièvres*. Il y expose avec clarté et bon sens, même avec agrément des questions difficiles où il semblerait que seuls le déplaisir et la douleur fussent attachés. Il prend d'abord beaucoup de précautions, de style, afin de ne pas irriter les médecins sur les terres desquels il chasse :

« Encore que la connaissance des fièvres appartienne au seul médecin, et qu'il n'y ait rien de si difficile en la médecine que de traiter des signes des maladies, je ne laisseray pas d'en parler un petit mot en passant, et tascheray d'en dire quelque chose si vulgairement et grossièrement que le chirurgien pourra s'en informer médiocrement, et en tant qu'il en a besoin pour le soulagement des malades qui se trouveront pressés en l'absence du médecin. »

Puis Paré définit la fièvre :

« La fièvre est une intempérie chaude et seiche, mais qui n'est pas resserrée et attachée à une seule partie, ains qui est excitée premièrement au cœur, et de la communiquée à tout le reste du corps. Par là, nous apprenons premièrement que la fièvre n'est pas une maladie particulière et propre d'une seule partie, mais générale et universelle à tout le corps.

« Les causes générales de la fièvre sont : mouvements violents et excessifs, tant de l'esprit que du corps. Celuy du corps est ou actif, volontaire et provenant de nous, comme lutter, courir, jouer à la paume ; ou passif comme pour avoir été en carosse, ou avoir piqué un cheval fascheux et violent — Celuy de l'esprit est soin, véhémente appréhension, fascherie, courroux, et autres semblables passions de l'âme lorsqu'elle nous tiennent fort souvent et fort longtemps.

2° « Seconde cause efficiente des fièvres est pourriture ou putréfactions..., humeur enfermée ;

3° « Rétention ou suppression de ce qui a coutume d'estre chassé ;

4° « Attouchement ou voisinage d'une chaleur externe ;

5° « Prise ou meslange de quelque substance chaude parmi la nostre intérieure, soit qu'icelle substance soit médicamenteuse, soit qu'elle soit alimenteuse. »

Les signes de fièvre sont de deux sortes :

« Les uns appelés diagnostics, servent à reconnaître la fièvre présente, les autres prognostics. Ceux-ci servent à prévoir si la fièvre sera mortelle ou salutaire, longue ou briefve, mais les prognostics étant de très difficile intelligence à ceux qui ne sont consommés en l'art de médecine, ils m'obligent de les passer sous silence et d'advertir le chirurgien de n'entreprendre jamais le prognostic des fièvres, estant chose au delà de sa capacité et de son art, qu'il en laisse la charge au prudent médecin, n'estant pas une petite louange à un homme de scavoir se taire en temps et lieu. »

(Humilité et prudence mêlée d'une pointe d'ironie.)

« Les signes diagnostics sont : chaleur surpassant l'ordinaire, pouls fréquent, soif extraordinaire ; c'est un axiome d'Hippocrate et de Gallien que tout contraire se guarit par son contraire. Il faut donc tenir pour règle assurée qu'à chaque cause qui a excité la fièvre, il est nécessaire d'opposer son contraire pour remède, comme au travail le repos, aux veilles le dormir, à la colère et fascheries toutes choses plaisantes et agréables, propos joyeux et récréatifs...

« Or, nous avons escrit ci-dessus que la fièvre estait une intempérie chaude et seiche, par conséquent il faut, pour guérir la fièvre, user de remèdes rafraichissants et humectants... étant impossible d'oster la chaleur que par les choses rafraichissantes, ainsi : l'air que hument les

malades doit être froid et humide ; que si la
saison le permet, il faut le préparer par l'art
de médecine, arrosant la chambre du malade
d'eau fraiche, semant par icelle des feuilles de
violiers de mars, de vigne, de laictue, des fleurs
de nénuphar et de rose et choses semblables,
d'autant que par ce moyen l'air estant rendu
froid et humide, imprime à tout le corps les
mesmes qualités ».

N'aimeriez-vous pas, ami lecteur, étant fébricitan,
que l'on semât en votre chambre, feuilles de violiers
de mars, et fleurs de roses ?

« Pareillement, la qualité des viandes doit
estre froide. Les meilleures viandes de fébricitan sont bouillons, jaunes d'œufs, gelées, pruneaux cuits, pommes cuites, orges mondées…, le
boire des fébricitans doit être de l'eau bouillie,
de la ptisane faite avec réglisse, orge, et quelquefois de l'eau meslée avec quelque sirop ra-
fraichissant et humectant, comme est le violat
de nénuphar.

« Pour le vin, il doit leur estre défendu, surtout s'il est puissant, généreux, fort, fumeux et
grossier.

« Pour la seconde indication (humeur enfermée), le mal de fièvre ne peut estre guéri si
ce n'est en retranchant la cause... et doit-on
faire commencer la curation de la fièvre par le
retranchement de cette cause, quoy faisant on
ostera tout ensemble et la cause de la fièvre et
la fièvre mesme.

« La troisième indication se prend des forces
du malade, icelle n'estant rien que le dessein
qu'à la chirurgie de maintenir la vertu du
fébricitan et luy donner la force de résister au
mal par le moyen de la bonne nourriture. Par
cette indication, on ordonne un régime de vivre
contraire à la fièvre et à ses causes... Toutefois,
il advient que les forces du malade soient si
débiles que le malade ne peut résister à l'effort
de l'accès, alors, prenant l'indication des forces et non d'autre chose, il faudrait nourrir le
malade..., encore bien que la matière de la
fièvre s'en dust augmenter.

« Pour la cure de la fièvre éphémère ou jour-
nalière, dont les signes sont chaleur douce,
suave à l'attouchement, on ordonnera en premier lieu les bains d'eau tiède et naturelle qui
sont très utiles, pourvu que le malade ne soit

point pléthorique, ou sujet à catarrhes et dé-
fluxions. »

Ainsi Paré ne recommande les bains que lorsque
la fièvre est douce, faible et encore si le malade
n'est pas délicat des bronches. Combien de pleurésies, de maladies du cœur, de graves complications
trop fréquentes seraient évitées, si nos grands médecins suivaient cette simple recommandation du bon
Paré, au lieu de plonger des typhiques à quarante
degrés dans des bains qui leur paraissent glacés.
Un médecin en chef des hôpitaux d'Anvers disait
n'avoir jamais perdu un typhique parce qu'il faisait
tomber la fièvre en humectant doucement avec une
éponge le corps du malade.

« Quand il y a dégoust et appétit perdu, il
faut se servir de remèdes rafraichissans et qui
soient acides..., tels sont le jus de citron,
d'orange et de grenades, le verjus, les cerises
aigrettes, le vinaigre rosat ». Cerises aigrettes
est joli.

Glanons encore quelques passages dans les traités
sur la goutte, la lèpre, les venins, les médicaments :


### « *Goutte*

« Une des causes de la goutte est : obstruction des vaisseaux qui se fait principalement par la mauvaise manière de vivre, et pour avoir crapulé et bu des vins forts... Aussi pour avoir mangé plusieurs et diverses viandes à chaque repas en trop grande quantité..., aussi dormir tost après le repas et longuement. Les goutteux prognostiquent ordinairement le changement de temps, comme pluye, neige ou quelqu'autre temps nubileux ; tellement qu'ils portent avec eux un almanach qui leur sert toute leur vie.

« Les gouttes participent de quelque matière virulente, très subtile et vénéneuse... qui cause une douleur extrême en la partie où elle tombe... ainsi qu'on voit les morsures et piqures de bestes venimeuses, comme des mouches à miel, frelons, et autres qui, par leur venin causent douleur aiguë.

« Le goutteux évitera de manger grands oiseaux comme cygnes, grues, paons, et leurs semblables..., les anciens défendent usage des chapons et autres poulailles... Entre les bestes à quatre pieds, le veau est recommandé, parce qu'il engendre bon suc et un sang bien tempéré, joint qu'il est facile de digestion. Le mouton pareillement est bon. Aucuns (1) médecins ordonnent boire du vin blanc..., mais il faut du tout l'éviter s'il n'estoit clairet, petit, débile et astringent.

« Il faudra par conjecture artificielle, changer tous les remèdes... selon que la disposition, le tempérament et les accidents le requerront... Il faudra aussi se méfier des apothicaires, lesquels ne se lassent jamais de donner des remèdes aux malades, qu'ils traitent en tous temps et à toutes les heures, sans se soucier de ce que dit ou ordonne le médecin, pourvu qu'ils débitent leurs drogues, et qu'ils fassent avaler force juleps aux malades... sans se soucier si c'est en temps et en saison. »

### « *Lèpre*

Comment il faut séparer les ladres de la compagnie des sains.

« Considérant le danger qu'il y a de converser avec les ladres, les magistrats les doivent faire séparer et envoyer hors de la compagnie des sains... Néantmoins, je conseille que lors qu'on

_______

(1) Aucuns = Quelques.

les voudra séparer, on le fasse le plus doucement
et aimablement qu'il sera possible, ayant mémoire qu'ils sont semblables à nous ; et où il
plairait à Dieu nous serions touchés de semblable maladie, voire encore plus grièfve — Et les
faut admonester que, combien qu'ils soient
séparés du monde, toutefois ils sont aimés de
Dieu en portant patiemment leur croix. Qu'il
soit vray Jésus Christ estant en ce monde a bien
voulu communiquer et verser avec les lépreux,
leur donnant santé spirituelle et corporelle ; car
il est escrit qu'un lepreux s'inclina devant
Jésus-Christ, disant : Seigneur si tu le veux tu
peux me nettoyer, et Jésus estendant sa main
lui dit : Je le veux, soit net, et incontinent la
lèpre fut nettoyée. Outre plus est escrit que
Jésus une autre fois guérit dix ladres. »


« *Venins*


« Pour se donner garde d'estre empoisonnés. »
— Ce titre en dit long sur les mœurs du temps.
« Ceux qui craignent d'estre empoisonnés,
comme souvent advient aux prélats et bénéfi-

ciers pour avoir leur dépouille se doivent garder de toutes viandes appareillées par gens suspects avec saulses qui seront fort douces ou salées, ou aigres et de haut gout. Pareillement estant bien altérés ne doivent boire à grands traits, ne manger goulument... et, où quelqu'un aurait soupçon d'avoir pris quelque poison, ne faut dormir en tel cas, car la force du venin est quelquefois si grande que souvent elle monstre tel effet en nos corps que fait le feu allumé en la paille sèche.

« Le venin pris par l'odeur est merveilleusement subit... Or, si l'on veut voir l'expérience, je mettray sur le bureau, (nous dirions sur le tapis), le pape Clément, oncle de la royne, mère du roy (Catherine de Médicis), qui fut empoisonné de la vapeur d'une torche envenimée. » (Déjà les gaz asphyxiants !)

« En la place de Sens il y avait deux charlatans, l'un des deux avait empoisonné un œillet, lequel il bailla à fleurer à son compagnon, et l'ayant senti, subit tomba en terre, roide mort — Davantage un quidam de récente mémoire ayant odoré une pomme de senteur envenimée, subit le visage lui enfla, et eut une grande ver-

tigine de façon qu'il lui semblait que tout tournast sens dessus dessous et perdit pour quelque
temps la parole et toute connaissance ; et n'eust
été qu'il fut promptement secouru par sternu-
toires et autres choses, il fust allé avec le pape
Clément. »


« *De la morsure du crapaud*


« Encore que les crapaux n'ayent des dents,
néantmoins ne laissent d'empoisonner la partie
qu'ils mordent de leurs babines et gencives :

« Deux marchans étant à un disné près de
Toulouse, s'en allèrent au jardin de leur hoste
cueillir des feuilles de sauge, lesquelles mirent
en leur vin sans estre lavées, et, devant qu'ils
eussent achevé de disner, perdirent la vue, ayans
premièrement une vertigine tellement qu'il leur
semblait que la maison tournast sens dessus
dessous, et tombèrent en spasmes et défaillance
de cœur... dont l'hoste et tous ceux de la maison
furent bien fort estonnés. Et tôt après on les
saisit (ceux de la maison), et les mit-on en prison, leur mestant sus avoir empoisonné les deux
marchans. Et les ayant interrogé, dirent qu'ils

avaient mangé et bu des mêmes viandes, reste qu'ils n'avaient mis de la sauge en leur vin... a donc le juge fit appeler un médecin pour scavoir si l'on pouvait être empoisonné par la sauge ; et dit que ouy et qu'il fallait aller au jardin pour scavoir si on appercevait quelque beste venimeuse qui pust avoir jetté son venin dessus... ce que véritablement on trouva, qui était grand nombre de crapaux gros et petits... et là fut conclut que la sauge estait empoisonnée... et l'hoste et sa famille absoults... et partants nous recueillerons par cette histoire qu'on ne doit manger aucunes herbes, ny des fraises que premièrement elles n'ayent esté bien lavées... et aussi que l'exhalation, morsure et bave... des crapaux sont fort venimeuses. »

D'après une croyance encore courante dans les campagnes, la bave du crapaud serait particulièrement nocive quand on irrite la bête en la piquant ou maltraitant.

Paré, à Montpellier, examinant des vipères chez un apothicaire, avait été mordu au doigt ; il s'appliqua un traitement si rationnel qu'on pourrait encore aujourd'hui le prendre pour modèle ; en peu de jours, il fut guéri (1). De même, ayant eu la jambe fracturée et déchirée par les os, il dirigea si bien de ses conseils le chirurgien qui le soignait, qu'il se remit promptement. Il échappa aussi comme par miracle à la peste dont il avait ressenti les atteintes, et au sublimé avec lequel on tenta de l'empoisonner. Vraiment, il y aurait en toutes ces guérisons les éléments d'une légende montrant Paré invulnérable, lui que la voix populaire avait déjà à Hédin, désigné du nom de Saint.

Et voici maintenant un Paré pharmacien :

### Médicaments

#### Des fards pour décorer et embellir la face des femmes

« A telles femmes qui se fardent pour leur plaisir et délices, je ne leur voudrais donner aucune aide ; mais bien à celles qui sont honnestes fuyant les marques de vieillesse..., désirans éviter l'indignation de leurs maris ; et à icelles ces moyens qui s'ensuivent s'adressent pour pallier leurs rides et couleurs mauvaises.

« Or, la couleur du visage démonstre la domi-

_______________

(1) Introduction Malgaigne (CCLXII).

nation des humeurs ; car chaque humeur donne sa teinture au cuir et principalement à celuy de la face. Car, si la cholère domine, la couleur sera jaunâtre et citrine ; si le phlegme, blafarde ; si la mélancholie, plombine ou livide ; et si le sang, la couleur sera vermeille.

« Il y a autres choses qui donnent la couleur au cuir et luy changent sa couleur naturelle : telles sont les choses extérieures comme le soleil, le froid, luxure, tristesse, peur, veilles, jeunes, douleurs, longues maladies, l'usage des mauvaises viandes et breuvages, comme vinaigres et mauvaises eaux ; au contraire les bonnes viandes et le bon vin aident à faire bonne couleur, à raison qu'elles engendrent bon suc...

« Maintenant, nous viendrons aux remèdes particuliers qui ont faculté de pallier les rides et blanchir le cuir.

« Premièrement on lavera la face en eau distillée des fleurs de lys ou de fèves, ou laict de vache... et la peau estant lavée sera desseichée, puis ointe des onguens que disons cy après » :

Je ne citerai que deux ou trois recettes pour la grâce avec laquelle elles sont présentées, ou pour l'étrangeté des produits recommandés :

### Eau de laict de vache

« L'on mettra les citrons et oranges par petites pièces, puis seront infusés dedans le laict
et adjoustant votre sucre et alun et le tout sera
distillé « in balneo Mariæ ». — (Ne dirait-on pas
du Rostand ? on songe aux tartelettes amandi-
nes) — Ceste eau est excellente pour tenir le
teint net et frais ; lorsqu'on se couche on mettra
linges qui en seront imbus sur la face ».

### Toile cirée pour contregarder le teint

« Ceste toile cirée est fort propre pour porter
la nuict sur le visage, en mode de masque.
« Prenez cire blanche grenée, quatre onces,
graisse de chevreau fondue ; suif de bouc, et
térébenthine de Venise une once ; nature de
balaine deux onces ; camphre une drachme ;
faites fondre le tout ensemble et y trempez la
toile. »

Le suif de bouc est inquiétant, mais voilà plus
fort :

### Autre onguen

« Prenez fiente de petits lézards, os de sèche,

tartare de vin blanc, raclure de corne de cerf,
farine de ris ; faites en poudre et la trempez en
eau distillée  d'amande douce, de  limace des
vignes et de fleurs de nénuphar. Ce fait, adjous-
tez le poids d'autant de miel blanc... et vous en
frottez le soir, et verrez chose merveilleuse pour
les rougeurs du visage. »

Les traités médicaux de Paré nous ont fait perdre
de vue Charles IX, la reine Catherine et la Cour
voyageant à travers la France où sévissaient hélas !
les dissensions religieuses et les épidémies.

L'attachement du Roy pour son premier chirurgien s'affirmait chaque jour davantage : après la
bataille de Montcontour (1569), le comte de Mansfeld, gouverneur du duché du Luxembourg, venu
de la part  du roy d'Espagne, et qui  avait été en
grande partie  cause du gain de la bataille, ayant
été grandement blessé, envoya  un de ses  gentilshommes vers le Roy le supplier bien affectueusement lui envoyer un de ses chirurgiens. Le mareschal  de Montmorency  conseillait d'envoyer Ambroise, mais, raconte celui-ci  :

« le roy Charles IX dit tout à plat qu'il ne

voulait que j'y allasse et voulait que je demeurasse près de luy. Adonc la Reine Mère luy dit que je ne ferais qu'aller et venir... alors il me permit d'aller... » « Je pansay le Comte de Mansfeld et Dieu le guarit ».

Peu après, le Roy envoya Paré au château d'Auret, près de Mons, soigner le frère du duc d'Ascot, le marquis d'Auret, qui était blessé d'un coup de boulet à la jouinture du genouil et semblait aux portes de la mort, souffrant de terribles douleurs dans tout le corps et à la tête :

« Toutefois, pour luy donner courage et bonne espérance, écrit Paré, je luy dis que bientôt je le mettrais debout... L'ayant vu je m'en allay promener dans un jardin, là où je priai Dieu qu'il me fist cette grâce qu'il guarist, et qu'il bénit nos mains et les médicaments à combattre tant de maladies compliquées... Je discourus en mon esprit les moyens qu'il me fallait tenir pour ce faire. On m'appela pour disner ; j'entrai à la cuisine là où je vis tirer d'une grande marmite demy mouton, un quartier de veau, trois grosses pièces de bœuf et deux volailles et un bien gros lopin de lard, avec force bonnes herbes ; alors je dis en moy même, que ce bouillon de marmite estait succulent et de bonne nourriture. »

Ayant vu le blessé, Paré constate qu'il n'a pas été pansé depuis longtemps et s'en étonne ; les chirurgiens répondent :

« que jamais ne l'avait voulu consentir, et mesme qu'il y avait près de deux mois qu'on n'avait pu gagner à mestre des draps blancs en son lit ; et n'osait-on qu'à peine toucher la couverture, tant il sentait de douleur. Lors, écrit Paré, je dis que pour le guarir il fallait toucher autre chose que la couverture du lict ».

Paré dégage la « boue » de la jambe... et pour grande douleur de tête du blessé, il ordonne :

« qu'on luy fera un frontail d'huile rosat et nénuphar et de pavot, et un peu d'opium... d'avantage on luy fera sentir au nez fleurs de jusquiame et nénuphars broyées avec vinaigre et eau de rose, avec un peu de camphre, enveloppés ensemble en un mouchoir lequel sera tenu longtemps contre le nez, afin que l'odeur se puisse communiquer au cerveau.

« Deux ou trois heures après, continue notre bon chirurgien, je luy fis faire un lict près le sien où il avait de beaux draps blancs, puis un homme fort le posa dedans ; et fut joyeux d'avoir esté tiré hors de son lict sale et puant !... Et ses douleurs et la fièvre cessèrent et commença toujours à se mieux porter.

« Lors que je vis qu'il commençait à se bien porter, je luy dis qu'il fallait avoir des violes et violons et quelque farceur pour le resjouir... En un mois nous fismes en sorte qu'il se pouvait tenir en une chaise et se faisait porter et promener en son jardin, et à la porte de son chasteau pour voir passer le monde. Les villageois de deux ou trois lieux d'autour, scachans qu'on le pouvait voir, venaient aux festes, chanter et danser, masles et femelles pesle mesle à tirelerigot, en resjouissance de sa bonne convalescence... et n'estait sans bien rire et bien boire.

(Le marquis d'Auret) « faisait bailler à manger et à boire aux nécessiteux, tous lesquels (il) me recommandait et qu'en faveur de luy je les secourusse. Je proteste que je n'en refusay un seul et leur faisais, à tous, ce qu'il m'estait possible... dont ils estaient joyeux... et avaient

bonne volonté de me festoyer et me faire bonne
chère.

« Les Principaux de la ville de Mons me firent
l'honneur venir me quérir avec deux chariots,
et arrivés à Mons, nous nous mimes à table et
me mirent en haut bout et buvaient tous à moy
et à la santé de M. le Marquis d'Auret. Au
retour à Anvers, c'estait à qui nous aurait... et
me faisaient plus d'honneur que ne deman-
dais... et la duchesse d'Ascot tira un diamant
de son doigt, qu'elle me donna en recognais-
sance d'avoir bien soigné son frère... et estait
le diamant de la valeur de plus de cinquante
escus. »

La réputation, je dirai même la gloire de Paré
était au comble ; ses succès excitèrent la jalousie des
envieux ; les médecins surtout ne pouvaient admet-
tre que ce parvenu, cet ancien maître barbier, ce
docteur en chirurgie qui ignorait le latin, ce fils
d'un valet, cet homme, pieux sans doute, mais
soupçonné d'hérésie, eût à la Cour plus de crédit
qu'aucun d'entre eux, possédât toute la confiance
du Roy, de la Reine mère, et des Seigneurs, l'admi-
ration et l'affection des soldats et du peuple, et
surtout se permit d'écrire sur la Sacro Sainte Méde-

cine, lui qui n'était pas médecin ! Le doyen de la
Faculté Gourmelen ouvrit le feu : Les œuvres complètes d'Ambroise Paré, conseiller et premier chirurgien du Roy, allaient paraître (1575) ; il s'opposa
à la mise en vente du volume déjà imprimé, allé-
guant que l'auteur avait abordé de hauts points de
philosophie et de médecine, traité des esprits, des
facultés, des fièvres, choses essentiellement médi-
cales (1).

L'affaire alla au Parlement qui ordonna qu'un
rapport fût fait à la Cour. Mais la protection du
Roy arrêta l'affaire. Gourmelen ne se tint pas pour
battu et accusa Paré d'avoir mis dans son livre des
choses abominables et nuisibles aux mœurs, d'autant plus dangereuses qu'elles étaient écrites en
langue vulgaire (2), d'avoir énoncé des idées sub-
versives concernant la Prédestination et les Miracles, d'avoir passé les bornes de la chirurgie. Il cri-
tiquait les méthodes de Paré concernant le pansement des plaies et les ligatures et osait dire qu'il
fallait revenir à l'huile bouillante et au fer rouge !
Enfin, il prétendait en remontrer à Paré sur la
manière de soigner et nourrir les soldats blessés.
Les chirurgiens du collège de Saint-Côme, par
jalousie, se tournèrent eux aussi contre Paré.

(1) Malgaigne, t. I, CCLXXXIII.
(2) Le Paulmier, 89.

Il faut voir de quel ton celui-ci leur réplique, soit dans sa « *Response aux calomnies d'aucuns médecins et chirurgiens touchant mes œuvres* », soit dans sa « grande apologie », soit dans son avis « Au Lecteur ». (I)

Visant le doyen, il écrit :

« Si aujourd'hui, après un assaut de ville où plusieurs soldats ont eu bras et jambes rompus et emportés de coups d'artillerie ou de coutelas, vous eussiez été là, mon petit maistre, et vous fallut user de vos fers ardents, vous auriez été bien empesché *et croye qu'on vous eust assommé comme un veau pour cette cruauté*, ainsi que jadis fut fait à l'un des premiers chirurgiens de Rome ; et, mon petit maistre, si vous eussiez été là, vous eussiez bien pu donner aux soldats de la gelée, restaurans, coulis, panades, orge mondée..., amandes, blanc manger, pruneaux, raisins de damas, et autres viandes propres aux malades ; vostre ordonnance eust été seulement accomplie en papier, mais, à l'effet, ils n'eussent sçu autre chose avoir que de la chair de vieilles vaches, comme icelles qui furent prises

(1) T. I. M.

autour de Hedin pour nostre munition, salée
et demy cuite ; en sorte que qui la voulait manger, il la fallait tirer à force de dents, comme font
les oiseaux de proye leur viande ! »

Et, s'adressant aux membres du collège de Saint-
Côme :

« Les chirurgiens qui me devaient prester la
main pour me souslever le menton de peur que
je n'allasse au fond de l'eau, m'ont voulu plonger la teste pour me faire noyer, m'ont voulu
rendre odieux au magistrat civil, à l'Ecclésias-
tique et au Populaire ; n'ont laissé pierre à
remuer pour me faire chopper s'ils pouvaient.
Mais ayant le cœur bon et ne songeant à danger
quelconque, moyennant que je puisse laisser à
la postérité quelque tesmoignage de ma vie, j'ai
surmonté par diligence toute difficulté ; car la
bonté de ma cause m'assurait tant et l'iniquité
de leur fait me donnait telle défiance de leur
party, que le cœur me croissait de jour en jour
pour advancer mon dessin. »

Quant à avoir traité des sujets contraires aux
mœurs :

« C'est tout autre chose, déclare Ambroise,

de traiter de la civilité des mœurs pour l'instruction de la tendre jeunesse et autre chose de parler des matières naturelles, en vrai médecin ou chirurgien pour l'instruction des hommes ja tout faits.

« Je le fais voir par ce mien œuvre, discourant de plusieurs choses singulières advenues à mes pratiques... nommant les lieux, les patiens, les assistans, afin que les jeunes chirurgiens s'encouragent de faire comme moy, ou mieux s'ils peuvent et d'y gaigner le lot que j'ai acquis par ma diligence... s'ils voyent que je manque en quelqu'endroit (comme il est impossible qu'un seul homme sache ou puisse tout faire), ils me feront plaisir de plustôt me remontrer ma faute gracieusement, que non pas user de calomnie ; vu que je ne suis homme si entier en mes opinions que je ne reconnaisse facilement ma faute, quand elle me sera montrée.

« Les médecins disent que j'ai passé les bornes et limites de la chirurgie, principalement en traitant des fièvres. Or je leur demanderais volontiers qui a fait le partage de la médecine et de la chirurgie ; et, où aucun en serait fait, qui sont ceux qui se sont contentés de leur part sans quelqu'entreprise sur l'autre. Car Hippocrate, Gallien..., bref tous les médecins, tant grecs, latins qu'Arabes n'ont jamais traité de l'un qu'ils n'ayent traité de l'autre, pour la grande affinité et liaison qu'il y a entre les deux ; et serait bien difficile en faire autrement. »

Et ici, Paré portant plus haut le débat, célèbre en termes magnifiques la science anatomique et la splendeur du corps humain :

« Entre toutes choses comprises en l'une et l'autre partie de Médecine, l'Anatomie est celle qui est le plus nécessaire, tant pour les Médecins que pour les chirurgiens, estant obligé chacun ouvrier de cognaitre le sujet sur lequel il s'exerce.

« Et m'estonne que les hommes sont si fols que de rechercher ce qui n'est sujet à leur connaissance que par conjecture, et qu'ils s'arrestent au nombre certain des estoiles qui, selon l'Escriture Saincte, sont innombrables ; veulent scavoir le cours des cieux, les mouvements du soleil et de la lune, les dimensions de la terre ; et cependant ne se soucient de se cognaistre eux-mêmes et de scavoir l'excellente et merveilleuse composition de leur corps, composé de parties infinies par le souverain facteur et créateur de toutes choses, chacune desquelles a sa substance propre, son office, sa faculté et utilité nécessaire... En quoy sont comprises les perfections de ce tout, qui représente le grand corps de l'Univers. Et tout cecy est en si grand nombre, avec telle variété et liaison des parties, que, de toutes les œuvres de Dieu, le corps de l'homme est la plus parfaite, comprenant en soy l'harmonie accomplie des choses contraires et pource l'homme porte le titre de petit monde. N'ayant défaut de rapport en soy et aux choses célestes, et à ce qui est terrestre, ou aqueux, ou plus subtil tenant de l'Ethéré. Et qui plus est à admirer, ayant cette âme raisonnable, qui, comme l'âme de l'Univers, va s'espandre par ce petit monde, le régit et guide et se sert de ses parties comme de ses instruments et organes.

« Et j'ai occasion ici de louer Dieu de ce qu'il lui a plu m'appeler à l'opération médicinale que vulgairement on nomme chirurgie, qu'on ne sçaurait acheter par or ny par argent, mais par seule vertu et longue expérience. Et toutefois est stable en tout pays, à cause que les loix de la sacrée médecine ne sont sujettes à celles des Rois et autres Seigneurs, ny à prescription du temps, comme prenant leur origine de Dieu, lequel je supplie qu'il luy plaise arroser cette mienne entreprise afin qu'il en soit glorifié éternellement. (1)

« Quand aux jugements inconsidérés et téméraires, que j'aurais portés touchant la prédestination et sur les miracles du Christ, que j'aurais comparés avec ceux des enchanteurs, devins, magiciens et charmeurs... je dis que je ne veux entrer au cabinet sacré de Dieu et que ce n'est à moi de déterminer de si hauts faicts. Toutefois en ce que j'ay récité, s'il y a témérité, il faut que pareillement vous accusiez Monsieur Saint-Paul (2) de témérité, duquel les paroles sont prises... et concluant aux Romains, par la similitude du potier, que nul ne doit contester contre son créateur. »

Et pour les miracles : « Je ne veux ici réciter

(1) *Au lecteur.* T. I. M.
(2) I. Corinth. L. 12.

les guarisons miraculeuses du fils de Dieu Jésus
Christ et de ses Saints Apostres ; car nul Chrestien n'en doit douter, attendu que les Sainctes
Escritures en sont pleines : comme faire voir
les aveugles, ouir les sourds, marcher les para-
lytiques, chasser les Malins esprits qui possè-
dent les personnes, guarir les ladres, rendre les
femmes stériles fécondes, ressusciter les morts,
et une infinité d'autres choses qui se faisaient
par la vertu du Saint-Esprit ; lequel je supplie
qu'il nous conserve et défende des malins
esprits diaboliques et nous fasse la grâce que diri-
gions toujours notre chemin au ciel, et que nostre ancre y soit perpétuellement attachée. Ainsi
soit-il. »

Ainsi on ne reprochait pas seulement à Paré la
nature de ses écrits médicaux, mais on l'accusait
plus ou moins ouvertement d'hérésie. Avait-on tort ?
C'est le moment de nous demander quelles étaient
les convictions religieuses de notre grand chirurgien :

De prime abord, pour quiconque a quelque idée
des doctrines du Protestantisme, elles éclatent dans
les écrits de Paré que nous avons cités : Il pense
en Huguenot ; « il s'exhale de ses livres, dit Debove,

une sorte d'odeur de Réforme », et l'on éprouve le
sentiment très net qu'Ambroise a dû être instruit,
élevé dès son enfance dans la connaissance des
Saintes Ecritures (ce qui est confirmé par ce que
nous avons dit au début sur sa famille) ; sentiments,
pensées, actions, toute sa vie en est pénétrée ; et où
aurait-il pu acquérir une pareille science, je dirai
une pareille hantise des livres bibliques, si elle ne
lui avait été inculquée dès sa première jeunesse ?
Ce n'est ni à l'Hôtel Dieu, ni aux camps au milieu
« des soldats renieurs de Dieu », ni à la Cour qu'il
aurait pu l'acquérir.

Cette impression donnée par ce qu'il exprime est
confirmée par ce qu'il n'exprime pas : il ne parle
jamais ni de messe (si non pour dire à Charles IX
qu'il n'y peut aller), ni de l'hostie, ni de la Vierge,
ni des Papes (sinon de ce Clément mort tragiquement), ni des prélats, sinon pour dire qu'il « leur
advient souvent d'être empoisonnés pour avoir leurs
dépouilles », ni des Saints et de leurs reliques, sinon
pour faire le récit des « marauts et ladres qui, feignans venir de Jérusalem, rapportaient quelques
bagatelles pour reliques et les vendaient aux bonnes
gens de villages ; et autres, feignans avoir fait
voyage à Sainct-Claude, Sainct-Main, Sainct-Mathu-
rin, Sainct-Hubert, à Nostre-Dame-de-Lorette en
Jérusalem... pour apitoyer le monde » ; il ne parle,

à ma connaissance, que de deux curés : l'un qui,
après la mort du blessé qu'il avait confessé, « se
saisit de sa bourse, de ses hardes et de tout le
reste », l'autre qui par inadvertance provoque un
incendie que l'on doit éteindre avec de la bière,
l'eau manquant ; pourtant, ayant vécu au milieu des
victimes de la guerre, il aurait pu aisément vanter
le saint ministère des prêtres auprès d'eux. Etrange
catholique, serait-il, qui cite la bible à tout propos,
qui ne fait que des prières spontanées, ne récitant
jamais un ave, n'égrenant jamais un chapelet ou
un rosaire ; n'accomplissant pas de neuvaine, n'al-
lant à aucun pèlerinage, ne s'appuyant jamais sur
l'autorité de l'Eglise, mais sur celle du Livre Saint,
ne parlant pas des mérites et des œuvres, mais de
la prédestination et de la grâce d'après Saint Paul !
En vérité, si Paré est catholique, qui donc sera protestant ?

A ces raisons déjà fortes, ajoutons les témoigna-
ges des historiens :

L'abbé Brantôme, qui n'était pas de ses amis,
parlant de la Saint-Barthélemy, raconte d'abord
l'assassinat de l'amiral Coligny, et dit que « l'admi-
ral estant blessé, fut fort bien secouru des médecins
et chirurgiens du Roy, et mesme de ce grand per-
sonnage, Maistre Ambroise Paré, son premier chi-

rurgien, *qui estait fort huguenot* » — et au discours
sur Charles IX, Brantôme dit : « Que le jour de la
Saint-Barthélemy, ce prince incessamment disait :
tuez, tuez, et n'en voulut jamais sauver aucun,
sinon Maistre Ambroise Paré, son premier chirurgien et le premier de la chrétienté ; et l'envoya quérir et venir le soir dans sa chambre et garde-robe,
lui commandant de n'en bouger, et disait qu'il
n'estait raisonnable qu'un qui pouvait servir à tout
un petit monde fut ainsi massacré et si ne le pressa
point de changer de religion, non plus que sa nour-
rice ».

Sully écrit, dans ses mémoires : « De tous ceux
qui approchaient ce prince (Charles IX), il n'y avait
personne qui eût tant de part à sa confiance qu'Ambroise Paré. Cet homme qui n'était que son chirurgien, avait pris avec lui une si grande familiarité,
*quoiqu'il fut huguenot*, que ce prince lui ayant dit
le jour du massacre, que c'était à cette heure qu'il
fallait que tout le monde se fit catholique, Paré lui
répondit sans s'étonner : « Par la lumière de Dieu,
sire, je crois qu'il vous souvient m'avoir promis de
ne jamais me commander quatre choses, savoir de
rentrer dans le ventre de ma mère, de me trouver
à un jour de bataille, de quitter votre service, et
d'aller à la messe... »

Ces affirmations semblent péremptoires, et d'ailleurs aucun historien n'a jamais mis en doute que Paré fut huguenot (1). Mais nous avons mieux : le témoignage de Paré lui-même, nous racontant l'empoisonnement dont il fallit être victime au siège de Rouen (1562).

« Après la prise de Rouen, me trouvay disner à quelque compagnie, où en avait quelques uns qui me *haïssaient à mort pour la religion* : on me présenta des choux où il y avait du sublimé ou arsenic ; dès la première bouchée n'en aperçus rien, la seconde je sentis une grande chaleur et cuisance, et grande astriction à la bouche et au gosier, et saveur puante de la bonne drogue ; et l'ayant aperçu, subit, je pris un verre d'eau et de vin et lavay ma bouche, aussi en avallay bonne quantité et promptement allay chez le proche apothicaire ; subit que je fus parti, le plat aux choux fut jetté à terre. Là donc chez ledit apothicaire je vomis et tost après beu un posson d'huile et le garday quelque

---

(1) Quelques biographes de Paré (dont Malgaigne), supposent qu'il se serait converti au catholicisme dans un âge avancé. Mais je ne sais sur quoi ils fondent cette hypothèse. L'avis « *Au lecteur* », a été écrit par Paré en 1585, cinq ans avant sa mort, et l'on n'y constate aucun changement dans ses sentiments religieux.

temps à l'estomac ; ladite huile empescha que
le sublimé n'adhérast aux parois de l'estomac ;
cela fait je bus bonne quantité de laict de
vache... et voilà comme je me garantis de la
main de l'empoisonneur et depuis ne voulus
manger de choux ny autre viande en ladite compagnie. » (1)

Ce récit, écrit Le Paulmier, fournit la preuve
évidente que Paré appartenait à la religion réfor-
mée. Il se trouvait dans la première édition de ses
œuvres « mais disparut dans les suivantes, parce
qu'on en avait inféré qu'il accusait les catholiques
d'être empoisonneurs (2) » « alors que (dit Paré),
l'homme qui m'a voulu empoisonner n'appartient
ni à l'une ni à l'autre religion, mais est un libertin
sans crainte de Dieu ».

« Et ce mot Religion, déclare Paré, dans un mémoire rédigé en 1575, lors de son procès avec la
Faculté (3) :

« a esté cité par moy *pour ne me glorifier
avoir suivi telle opinion*... et moins en intention

(1) Malgaigne, tome III, page 662, *en note.* Voir aussi préface de tome III, p. XIV.
(2) Debove.
(3) Mémoire trouvé par Le Paulmier.

de monstrer que ceux qui suivent la Saincte
Eglise Catholique et Romaine, abusent de
moyens illicites pour se défaire de leurs ennemis. »

Phrase assurément prudente et habile, qui montre une fois de plus que Paré appartient à « la Religion ».

Que peut-on opposer à tant de preuves conver-
gentes ? Peu de chose : Paré, ses femmes, ses
enfants furent baptisés, mariés, enterrés, dans des
églises catholiques, mais (1) « il n'y avait alors ni
registre d'état civil, ni cimetières spéciaux, pour les
protestants. Il fallait cependant bien être marié et
enterré quelque part ».

Certains protestants s'étonneront peut-être que
Paré, huguenot, ait soigné indifféremment catholiques et réformés, qu'il soit resté dans l'armée du
Roy, alors qu'elle assiégeait des villes occupées par
des protestants, au lieu de passer dans le camp de
ses corréligionaires. Ils se demandent si Paré a
pris fait et cause pour ceux dont il partageait les
opinions, s'il a cherché à les défendre auprès du
Roy ; ils aimeraient que Paré eût préféré être victime avec ses frères, au lieu d'être délivré et pro-
tégé par leur persécuteur.

(1) Debove.

Il est facile de faire de l'héroïsme en chambre et pour autrui ; mais ces critiques paraissent mal fondées : Paré obéit à l'Evangile ; il fait du bien là où il est, à tous, grands seigneurs ou manants, amis ou adversaires. Il rend dans ses voyages et à plusieurs reprises, justice à Guise, ventant ses talents militaires, sa charité envers les Espagnols, son souci d'épargner la vie de ses soldats. Sans doute condamne-t-il les guerres religieuses plus encore que les guerres politiques dont il a dépeint et maudit les horreurs, mais son métier est de panser les plaies, non de se battre (il l'a dit à Charles IX). Il reste avec les roys ses protecteurs, il leur garde une fidélité inébranlable, qui fait partie de sa foi religieuse, car il est écrit : « Rendez à César ce qui est à César ». Il se souvient de ses humbles origines et peut-être ne se permet-il pas de juger Charles IX. (1) Son attachement envers lui ne se dément pas, même après la Saint-Barthélemy ! Quant à employer son crédit pour sauver ses corréligionnaires, il n'en avait pas assez sous Henri II et sous François II, mais sous Charles IX, il en a usé et là phrase suivante des mémoires de Sully le prouve :

« Les massacres de la Saint-Barthélemy duraient encore ; le Roy prit Paré à part et s'ouvrit à lui sur

(1) Voir Dédicace T. I. M., p. 5.

le trouble dont il se sentait agité : « Ambroise, lui
dit-il..., je me trouve l'esprit et le corps tout aussi
émus que si j'avais la fièvre. Il me semble à tous
moments (aussi bien veillant que dormant), que ces
corps massacrés se présentent à moi, les faces
hideuses et couvertes de sang. Je voudrais bien
qu'on n'y eût pas compris les imbéciles et les inno-
cents. *L'ordre qui fut publié les jours suivants de
faire cesser la tuerie fut le fruit de cette conversa-
tion.* »

D'ailleurs, jusqu'en 1562, Paré a pu croire que
le parti du Roy et le parti des Réformés finiraient
par se confondre. A certaines heures, Catherine de
Médicis avait demandé aux protestants de soutenir
le Roi (1), contre le parti de Guise, et ce furent
ces fatales avances qui mirent les armes aux mains
des huguenots. Leur cause en souffrit. Paré a pu
également se figurer que la Réforme s'accomplirait
sans schisme ; il n'était pas l'ennemi de l'Eglise,
mais de ses abus. Coligny avait bien organisé en
1561, dans ses appartements au Palais de Fontaine-
bleau, un prêche où Catherine menait le Roy ! A ce
moment, écrit Viénot, la moitié de la France pen-
chait vers la Réforme ; les Huguenots pouvaient
tout espérer.

(1) Voir Viénot. *Histoire de la Réforme française.*

Quoi qu'il en soit, nous devons aujourd'hui rendre hommage à l'attitude de Paré, qui, dans une situation difficile, sut se concilier le respect de tous, hormis les envieux, et la reconnaissance de beaucoup, sans distinction de partis. Il nous donne par là un grand exemple : n'est-il pas pitoyable, en effet, que de nos jours, en plein vingtième siècle, il y ait du côté de Genève, autant que du côté de Rome, une incompréhension qui semble parfois irréductible entre catholiques et protestants ? Comment se fait-il que des frères en Christ ne puissent s'entendre ? Pourtant les différences de dogme ne sont pas capitales : la preuve en est que Paré, qui n'a certes pas caché ses croyances, est revendiqué par les adhérents des deux églises, et que tous les développements religieux, que ce Huguenot a mis dans sa grande chirurgie, pourraient sans difficulté être « récités » en chaire par un Sertillange ou un père Samson. Sans doute il est trop tard pour revenir à l'unité ; les tendances des deux églises, l'une vers l'autorité, l'autre vers la liberté, se sont trop accentuées, mais ne pourrions-nous, du moins, à l'exemple du grand chrétien Ambroise Paré, nous mieux connaître, nous respecter et même nous aimer ?